八秩述怀

谢开科诗词集

谢开科 著

包俊宜 题

孔學堂書局

图书在版编目（CIP）数据

八秩述怀：谢开科诗词集 / 谢开科著
. — 贵阳 :孔学堂书局有限公司, 2018.10
ISBN 978-7-80770-097-5

Ⅰ. ①八… Ⅱ. ①谢… Ⅲ. ①诗词 – 作品集 – 中国 –
当代 Ⅳ. ①I227

中国版本图书馆CIP数据核字(2018)第235762号

八秩述怀——谢开科诗词集

著　　者　谢开科
出 品 人　邓国超　李　筑
责任编辑　张忠兰　丁　羽
封面题字　包俊宜
书籍设计　张　莹
责任印制　张　莹

出　　品　当代贵州期刊传媒集团
出版发行　孔学堂书局
地　　址　贵阳市乌当区大坡路26号
发行电话　（0851）85895323
印　　制　深圳市新联美术印刷有限公司
开　　本　787mm × 1092mm　1/16
印　　张　18.75
字　　数　210千字
书　　号　ISBN 978-7-80770-097-5
版　　次　2018年10月第1版
印　　次　2018年10月第1次
定　　价　95.00元

鹧鸪天·八秩自嘲

离任黉门始觉痴，春蚕丝尽化蛾时。一生忙碌习书少，茅舍蜗居得月迟。

开放好，乐滋滋，不求喝彩觅新知。诗书画羽留鸿爪，苦辣酸甜写小诗。

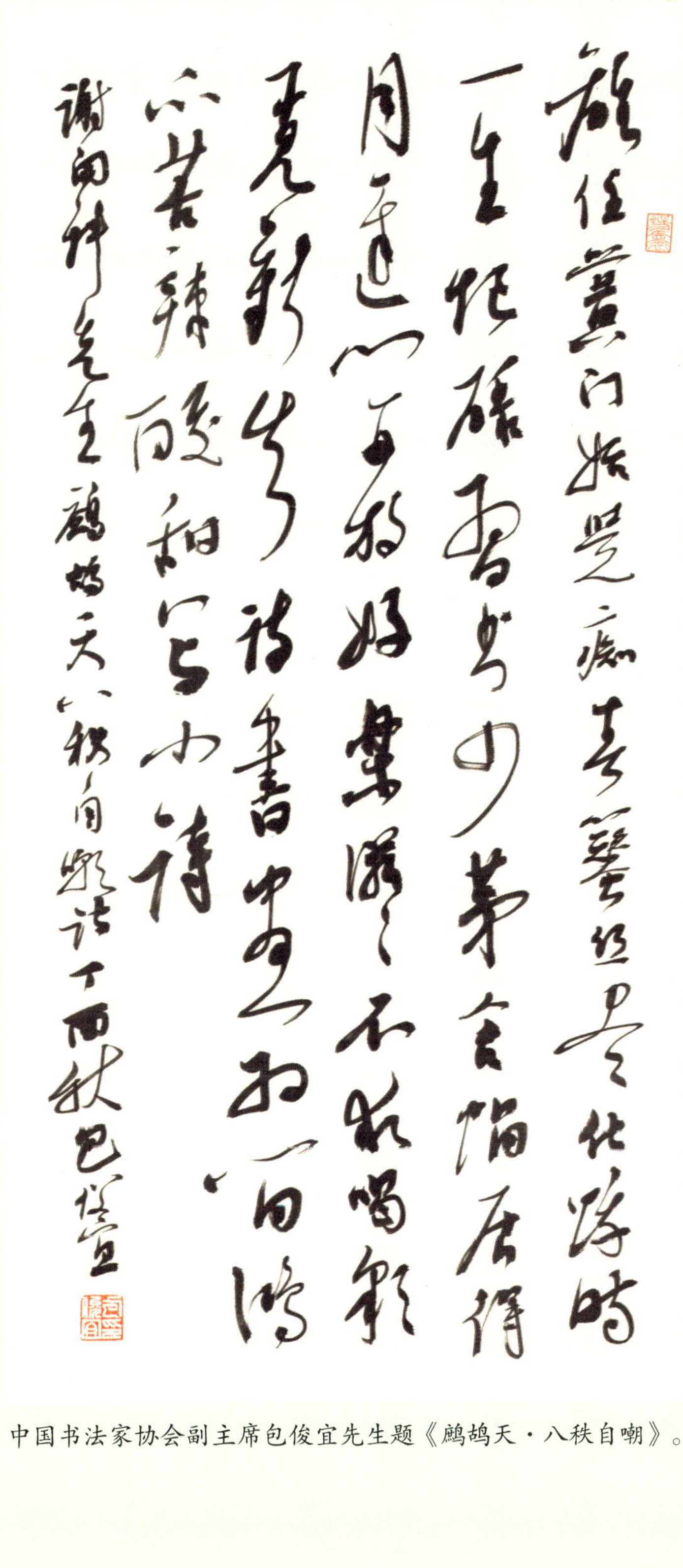

中国书法家协会副主席包俊宜先生题《鹧鸪天·八秩自嘲》。

目录

2015 年 7 月，与妻子殷玉琨及三位子女谢萍、谢念、谢毅于贵阳六广门。

序一／潜心翰墨铸诗魂

冯泽

2005年春，开科到贵大老年大学诗词班学习，我们乃有幸认识，一同切磋中华民族数千年传承下来的文化瑰宝——中华诗词，砥砺前行，历时多年。开科热爱诗词，但基础并不很好，他学习十分投入，经过近两年的努力，才基本上过了格律关。在此基础上，他勤于练习写作，不怕失败，宵衣旰食，孜孜以求，达到痴迷的程度。他虚心求教，广览群书，博采众长；他有个幸福的家庭，老伴和子女都积极支持，为他提供了充分的后勤保障，并与他畅游国内外名山大川；他阅历丰厚，艰苦备尝，从事基础教育和高等教育数十年，成绩斐然。这些主客观因素，促使他进步很快，十年之内，创作诗词作品500余首，并常见诸报刊。这次经过三年多的酝酿准备，精心修改，裒辑成集，名曰《八秩述怀》，即将付梓。这是开科老有所为的成果，值得为之鼓舞！他要我作序，我也乐意提出一些个人意见，供开科参考，并就教于方家和读者。

这本诗词集共收入诗词460首。有绝句、律诗、古风、词，还有一些“自由体”诗歌，可谓各体俱备；题材

“骚吟才解悬梁锁，书苑又操刺骨针。”
2017年11月，于上海浦东香榭丽花园小女谢毅宅。

亦甚广泛，分十个部分，大致可归纳为歌颂光明、鞭挞丑恶、抒怀言志、旅游风光、感情世界几方面，可谓五彩缤纷。我读后总的印象是这十年间开科的进步十分显著。从未谙中华诗词基本知识到已登堂入室，能创作出洋洋数百首有一定水平的作品，确属难能可贵，非人人能及。说实话，这本诗词集的作品，也并非首首俱佳，无疵可寻。但瑕不掩瑜，总体还是很好的，有一定的特色。古人说“诗言志”（《尚书》），又说“诗缘情而绮靡”（陆机《文赋》）。言志、抒情，作为诗的本质特征，为历代诗家所认同。开科的诗，都是有感而发，“忠实于自己的感受”，绝无虚妄之笔。在言志、抒情方面，就体现得很突出、很真实。可以明显地感觉到，他在写作中，努力用情真、格高、味厚的标准要求自己，其中有不少作品也基本上具备了这样的品格。

在诗词集中，歌颂光明的篇幅很大，给人一种满目春光的美的享受。歌颂时代的进步、祖国的富强、人民的幸福、英雄的奉献、凡人的善举……这些诗，都是从作者心底奔流出来的一片赤诚，颇能引起读者共鸣。如卷首开篇的《改革开放颂》：“谁使神州满地春，改革开放动神魂。农村绘出小康景，城市飞扬幸福心。几度太空探日月，一条天路震乾坤。民心尽在笑声里，社会和谐土变金。”就十分自然贴切，非亲历而有深切感受者不能言。全诗前后呼应，雄浑深刻，真实感人。《全民奔小康有感》：“高天吹响小康曲，动地闻声齐奋戈。刷洗百年贫困史，披星戴月乐登坡。”作者满怀深情，将一个重大的历史变革的题材，用一首短短的七绝从容写来，读者可以从中领悟到党中央的英明决策、全国人民的积极行动、翻天覆地的历史变革和广大农民的勤劳欢乐。其流畅的语言和丰富的内涵，都可圈可点。2008年，我国南方遭受了严重的凝冻灾害。党和政府积极组织抗冻救灾活动，有的战士因之付出了宝贵的生命，作者情不自禁，一口气写了七首抗凝冻保民生的组诗，大声镗鞳地呼喊出“岂容盛世冰魔舞，处处神州战冻寒”“吾将烈士英雄血，谱写爱民传世篇”的豪言心声，彰显了作者关心民瘼的一片丹忱。《林丹获羽坛大满贯有感》尽情地歌颂祖国的优秀儿女奋力拼搏、为国争光的飒爽英姿，末句“迢迢千里慰诗翁”倾注了无限深情、增强了全诗的厚重感，耐人寻味。至于《盛世感赋》《盛世免农税学费有赋》等篇章，则充溢着感恩情怀和时代的自豪感，读之若身临其境，深受感染和教育。习近平总书记最近说：“清泉永远比淤泥更值得拥有，光明永远比黑暗更值得歌颂。”开科是自觉地践行了这一重要的思想原则。

抒怀言志，好像一条红线，在诗词集中贯穿始终。其中不乏好的和比较好的作品，其《人生感悟》：“人世途长也不长，朝霞转瞬是夕阳。在职不作亏心事，离任休嫌茶水凉。功过是非如逝水，声名利禄似糟糠。云烟过眼无觅处，时有余诗入咏囊。”纲举目张。再读《临江仙·快乐人生》：“总是追求进步，从无退却彷徨。先天不足又何妨。少年胸有志，勤奋谱华章。跋涉不知疲倦，求知岂可停航。夕阳盛世志高昂。做孙孙好友，分几户愁肠。”还有一阕《鹧鸪天·退休乐》，也是抒发同样的感情，有“朱颜退尽心无悔，淡忘财名心底宽”“惟期幼木参天懋，愿把余辉洒满园”之句。有目标、有追求，淡泊名利、胸无块垒，奋斗不息、精神充沛，真有一点五柳之风。再读他的《日记》：“已惯闻鸡便起床，羽毛球罢进书房。阶前鸟语随人语，案上兰香伴墨香。万里晴空游泳乐，一江绿水钓鱼忙。亲朋好友来相会，北地南天话短长。”一种旷达进取的精神，换来了潇洒快乐的生活。再读一首《颂月》吧！“万年不倦亦无声，洒向人间都是情。缺处含羞着歉意，圆时带笑满盈庭。光华从未分贫富，辛苦何曾计利名。但愿人心皆似月，天涯海角一轮明。”这首诗描绘了一个伟大的形象，也给我们提供了作者为什么在耄耋之年能过上潇洒快乐、诗思泉涌的生活之答案。原来开科胸中有个月亮偶像，时时以它为师来要求自己。言志诗往往容易流于空洞说教的俗套，而开科这些诗是真情流露，多用“比”“兴”手法，形象鲜明，语言生动，有诗味，耐读。有些句子，过目难忘。譬如《人生感悟》，全诗形象鲜活，尾联洒脱豪迈，饶有诗味。《临江仙》《鹧鸪天》两阕词，读之如清泉出谷，跳荡生姿。《日记》能写得动静结合、虚实相生，避免了板滞之病，则是由于开科的生活充实，写作能源于生活而高于生活之故。《颂月》也是一篇佳构，作者以拟人化的手法，让月亮鲜活起来，有灵魂、有筋骨、有温度，着实可爱，尾联发出“但愿人心皆似月”的呼声，不啻在进行诗教了。此诗词集中还有许多佳句，如《晨练》中的“柔力翻滚龙吐玉，羽球飞跃燕回还”、《退休后又习诗书画有感》中的“骚吟才解悬梁锁，书苑又操刺股针”、《个人诗词集付梓有赋》中的“春笋脱胎初发节，东风助我入诗林”、《致好友冉启盛病中》中的“往事如歌惟恨短，真情似酒不嫌陈”等等，有的鲜活灵动，有的情致深沉，有的哲理鲜明……限于篇幅，不再列举。

开科退休以后，足迹遍于天下，自然旅游风光、山川胜迹方面的吟咏之作，占有重要位置。在这部份作品中，好的和比较好的固然不少，但一般化的也有所存在。《游黄龙》：“盆地艳阳风送爽，黄龙路上雪花扬。青山失翠披白絮，海子生辉变玉浆。革命丰碑云矗表，游人意气共鹰翔。一年最是秋光好，绝胜画图烟雨藏。”《乘高铁览多彩贵州美景》：“十里崎岖十里平，一峰才送一峰迎。山隔千壑桥连洞，水堵铁龙河架桁。似茧青山擐路裹，如歌岁月画中行。万峰双乳天然美，千户苗寨银饰城。”这两首诗都好。好在一是抓住了景区的特色，二是有所寄托。游黄龙是在雪天，因而山披白絮，图藏烟雨，这是特殊环境的景色，但只是作者浅层次的感受，换个地方的雪天同样感受得到。而心灵深处的感受，当是海子生辉、丰碑耀日而产生的“游人（含作者）意气共鹰翔”的深刻感受了。

这句应该是这首诗的诗眼，使全诗鲜活灵动起来。第二首诗是颇具特色的动态描写，作者在飞速前进的高铁车厢中，饱览贵州的山水、田园、桥洞、村寨的无限风光，心情恬适而愉快。诗作气韵贯通，语言流畅，难得的是写出了“如歌岁月画中行”一句点睛之笔，把山水之美、时代之美和作者心境之美紧密结合在一起，浑然无迹，大大提升了诗的境界。还有两首吟咏花溪的诗词也有特色，《忆江南·花溪好》：“花溪好，舞蹈侗歌乡。翠柏苍松杨柳岸，夏凉冬暖赛苏杭。能不梦天堂。”最后两句既昭示了花溪难以企及的特色，又寄托了把花溪建设得比西子湖更美的梦想。《花溪放鸽桥》一诗，则是作者慧眼独运，观察到别人没有看到的美景“鱼在麟山树上游”。麟山之突兀，溪水之澄清，虽不言而自现。梁朝著名文学理论家刘勰说：“登山则情满于山，观海则意溢于海，我才之多少将与风云而并驱矣！”（《文心雕龙·神思》）大抵开科的旅游山水诗，写得好的，都符合这一理论原则，较差一些的，则是悖离了这一原则，没有特色而少寄托，只是一些人人可道的一般景色的堆砌，故缺少灵气与诗味。

开科是个忠诚勤奋、不事张扬的人，但他内心的感情世界却是万紫千红，丰富得很。我们从他缅怀纪念、亲情友情、家史春秋这些栏目的作品中，便可窥见一斑。开科经历过艰难困苦，对于晚景的幸福十分珍惜。在上述栏目的许多作品中，总是把家庭兴旺、个人幸福和国家振兴、盛世华年紧密地联系在一起，感恩的思想情愫特别浓烈。他回忆家史时写道：“治家勤为本，教子孝为先”，“不诉当年儿女苦，却谋壮志报国心”。他的子女们，有的担当党、国重任，有的成了专家学者，他写给他们的诗，总是谆谆教诲“关心群众问疾苦，榜样无穷塑典型”“严己宽人多问计”“严己奉公惜部下”等等，这些诗作应视为谢氏家风、家训的传承和发扬。虽然艺术水平未必可取，但其精神则可传之久远。集中关于亲情、友情、爱情的诗作，是作者心底深处的真情流露，大多辞情并茂、读之感

“开科退休后，足迹遍于天下。”
2013 年 10 月，于新疆阿勒泰（中国与哈萨克斯坦边界）。

人。《老同学聚会》：“相逢已是鬓霜痕，旧貌风华昔日寻。难忘韶光留倩影，常怀砖厂醉芳魂。无情左水淙淙去，有韵人生款款临。瑰丽夕阳迎盛世，笔端勤赋四时云。”内涵丰富，文辞优美，有忆旧、有批“左”、有赏今、有慰勉，其尾联乃佳句也。他怀念母亲的诗很多，看看这阕《忆江南·纪念母亲诞辰101周年》吧！“亲去也，常忆旧时容。日出暮归尝尽苦，夜来家务伴星空。能不梦情浓。”短短27个字的小令，母亲的音容笑貌、劳作情景如在目前。一声“亲去也”“能不梦情浓”，令人心酸。《破阵子·金婚回眸》情深辞美，堪称佳构。一对恩爱夫妻、患难夫妻、美满夫妻的鲜活形象，在读者视野中，呼之欲出，令人称羡。《破阵子》这个词调，本来是“犒军设乐”的，其调激越昂扬，不宜用于花间柳下，作婉约之音。而开科用此词调却写得清丽婉转，不能不令人击节叫好。

本文一开始就谈到，诗词集中也还存在一些不太理想的作品。有的选题不当，勉强成篇；有的立意不高，失之浮浅；有的琢磨不够，失之粗糙；有的形象不真，失之直白；有的语言芜杂，失之晓畅。还有律诗中的对仗，也存在一些问题。总体来看，这些不足，也不过是十个手指头中的一个而已。在学诗过程中，这本来就是正常现象。只要能看到自己的不足，多加努力，树立精品意识，不断发扬优点、克服缺点，就可逐步解决这些问题而迈入新的境界。《八秩述怀》的出版，是作者对前一阶段的总结，也是新阶段的开始。希望开科以此为契机，继续努力，不断写出更新更美的诗篇。附拙诗一首作结：

家情国是两劬劳，万里山河分外娇。

一卷吟成双鬓染，余音袅袅入层霄。

丙申年十二月

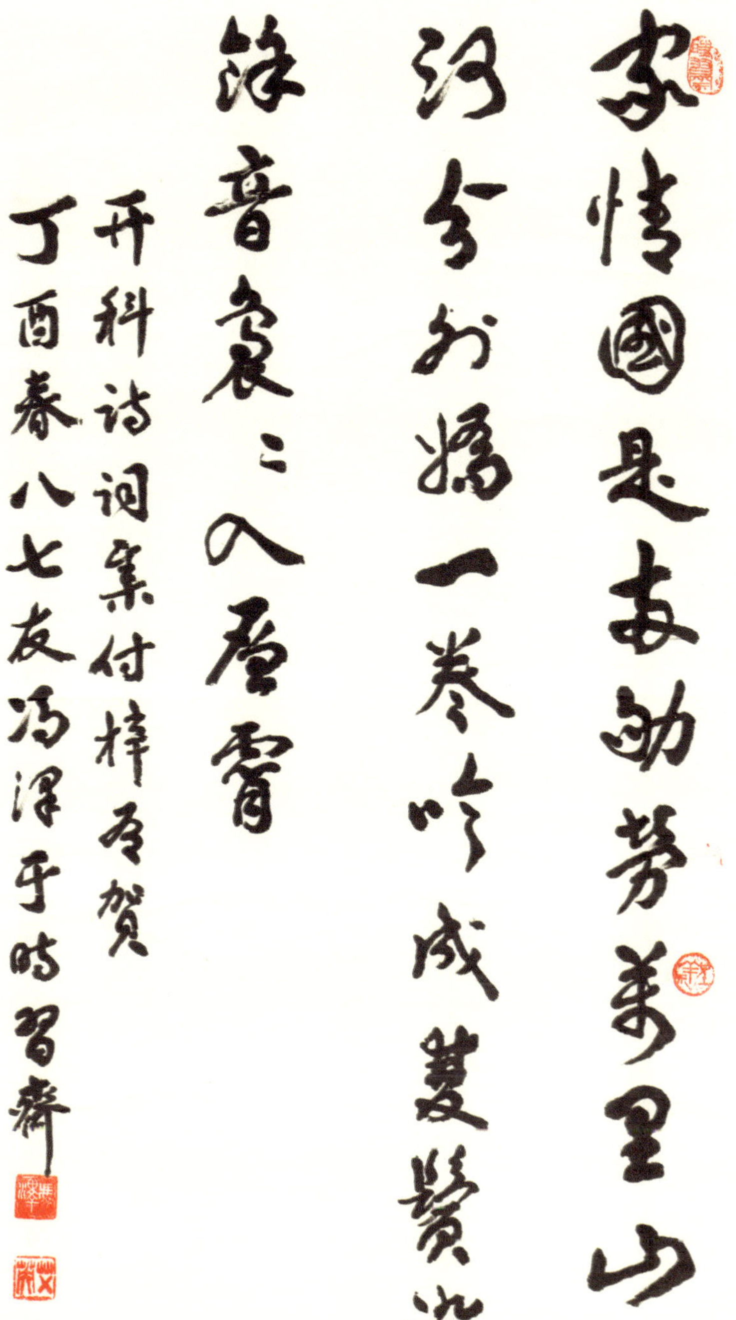

冯泽先生题《序〈八秩述怀〉赠诗》。

这篇序文于去年12月交卷之后，开科主动和我深入地交换了意见。对文中肯定的地方，他并不自满；而对所指出的不足，则极为重视。他日夜辛劳，重新审定了这些作品，毅然删去了十多首，其余的则逐首进行了认真修改，编排也作了很大的改进。现在的稿本，已焕然一新。我对于开科不恃长、不避短、闻过则喜的坦荡胸怀，深表钦佩。

吾辈老年学诗，乃发挥余热，老有所学，老有所为，修真养性，益寿延年。这自然也为传承创新我国优秀传统文化起到呐喊助威、添砖加瓦的作用。我们的作品，应当力争不断地有所进步提高。因此，经常审视我们创作中出现的问题，不断改进提高，不去追求数量，不要面面俱到，不要勉强去写那些自己不熟悉的问题。心旷神怡，乐在其中矣！这些问题，不仅开科存在，我自己也同样存在，而且具有一定的普遍性，让我们互勉吧。再得小诗一首，录以求教：

诗词一卷兴无涯，觅玉探疵愧才差。
搔痒未必着痒处，野人聊献苦丁茶。

冯泽 又识
丁酉年正月初四日

（冯泽系原贵州农学院党委书记，现为《贵州诗联》顾问）

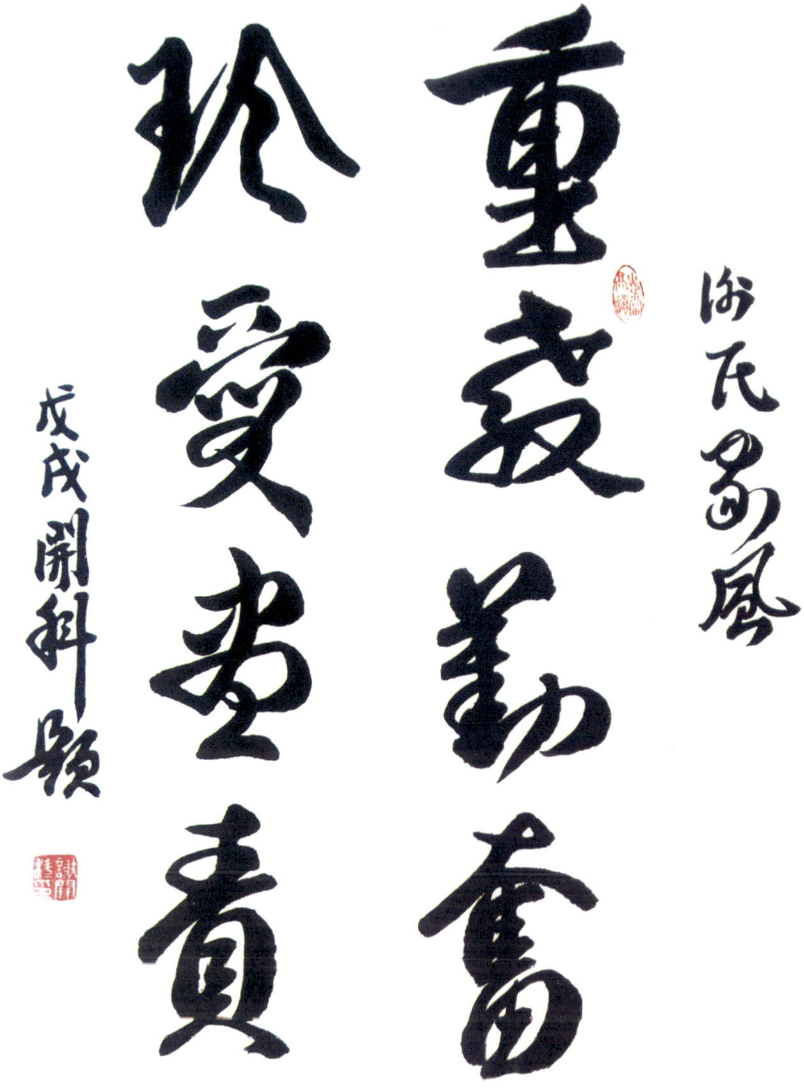

重教，勤奋，珍爱，尽责。手书谢氏家风。

2015年7月，与妻子殷玉琨及长孙女张岱青、长孙谢知劼、小孙女高声远于贵阳六广门。

序二／诗里父亲词中爱

——给父亲和父亲的《八秩述怀》

◎儿子 谢念

一

父亲已年过八旬，但在许多年里，我与长子知劼的日常生活基本由他和母亲照顾。

每当节假日，就读贵阳一中的劼儿与外甥女青儿由校返家，爷爷、奶奶总会心无旁骛、精采食材，在家中等待他们的宝贝，将每一顿家宴安排得丰盛、温馨。而幼子冠磊的到来，又令这份等待和温馨愈加浓郁。

到了工作日，每个清晨，父母亦会在餐台摆上两个去壳核桃、几枚红枣、一杯牛奶、一个鸡蛋、一个苹果和一份主食。上班匆匆的我，在这日复一日、不厌其烦、悉心准备的营养早餐中，获取了全天的能量。而每次出差归来，总可见洗净晾晒的衣物在床头叠放得整整齐齐、线条横平竖直……

近年，我深陷公务，生活亦颇有些坎坷。终日高速运转，几近极限。所幸堂上老人均身体康健，无需我随侍身旁，反一无抱怨、倾力助我，否则瞻前顾后，不知会何等狼狈。

父亲虽退休20余载，至今仍终日忙个不停。非仅操心儿孙辈，他自身精神文化生活亦极丰富：逐鹿羽场、写诗填词、料理花草、学习书画、聚会老友……日程排得满满当当。除非十分特殊，决不中断。端午后，还常乘公交车往返20余公里，赴花溪河游泳，一游便持续至11月秋风萧瑟时。任凭如何劝说，老人家对室内游泳池总是不屑。而在车上，他的老当益壮又每每让人看不出实际年龄，以致无人让座而站立数小时。我们心疼，他却不以为然。

对于人生及现实，父亲从无怪腔怪调，总保持积极向上的乐观态度。他发自内心地忠诚于自己的信仰，始终给我们以正向力量。

父亲不吸烟、不喝酒，行事规律性强，无任何不良生活嗜好。在我与姐姐、妹妹入大学前，他从不外出应酬，也与麻将不沾边。数十年来，他与母亲身教更胜言传，倾心陪伴孩子成长，从无一夜先我们而睡，或是晚于我们晨起。除亲朋偶尔来访，我们家里极少有“吆二喝三”的场景，在对学习严格要求和施以必要家务劳动锻炼之外，父母更从不因为所谓“为人”“面子”之需，要求我们去面对无聊应酬。每晚，看完央视《新闻联播》，就会关掉电视，举家进入学习模式。于是，我们的成长就有了一个安静、单纯、真实且学习氛围浓厚的知识分子家庭环境。这种环境氛围，至今仍为孙辈所钟爱和自豪。直至妹妹去上海读大学了，我们才发现，父亲年轻时原是颇喜“搓麻”的，为儿女竟隐忍多年。难怪当年母亲数落他是“老麻师”，我们皆茫然不知为何。

生活中，父亲予人的感觉是不敏感，甚而有些“麻木”。有时别人使脸色，他似乎全然不觉，该干什么还干什么。他亦很少纠结、纠缠于别人的过失，一般是事情过去就过去了，仿佛并无发生。若干年后细思，其实这哪里是“麻木”，而是良好心态、人生智慧的表现。这心态和智慧，使父亲和身边人都少受了许多困扰，也同优良的生活规律与习惯、常年不断的身体锻炼、从未懈怠的精神文化修养一起，成为他健康长寿的秘诀。

父亲做事，素来极具恒心、毅力。“人无恒不可做巫医”，是我自幼就听他常说的一句话。学游泳，已近六旬；习诗词，则更已年届七秩。偏偏，他都以坚持将看似不可能的变成可能。现在，八十余高龄、盘点十载笔耕收获、即将出版个人诗词集《八秩述怀》的他，又已在书画里寻获了人生新起点。

我毫不怀疑，这个起点的前方会有一样的坚持与精彩。

二

《八秩述怀》是父亲对自己人生的笔下存照，很大程度上亦是我们这个家的纸上光影。

20世纪七八十年代，父母以薄薪拉扯三个孩子，妹妹又屡屡生病住院，常不得不借资度日。由蔬菜站收罗、外婆口中“农村猪都不吃”的破叶烂菜，是餐桌主角。包谷等杂粮则成为重要主食，犹记得包谷粑一直吃至小学三年级。

面对生活挤压，父母的勤劳坚韧显露无遗。

为省钱，家人衣服基本全由母亲一针一线缝制，且新三年、旧三年、缝缝补补又三年。高中一年级，我尚穿过整个臀部位置都给补上的“补巴裤”。童年，每个“六一”早晨，母亲为我们穿上熬更守夜熬红了双眼赶制的新衣，是一年中最幸福的时刻。

另一个幸福时刻在夜里。父母将我们安顿睡下，腾出手，开始用那个年代的奢侈品——肥肉熬制食油。子夜，油熬好了，油渣出锅了，我们从梦中被唤醒，嘴里塞进来几颗蘸了白糖的油渣，那满嘴的香啊！接下来一段儿，密封好、高高置于衣柜顶部的油渣就成了极大的牵挂，满嘴的油渣香也成了我们这一代人抹不去的记忆。时至今日，豆豉炒油渣、豆豉油渣

左：1970 年 9 月，与妻子殷玉琨及襁褓中的谢念于贵州湄潭。
右：1982 年 8 月，于广西桂林。

火锅等仍是我之最爱，懒管它有益健康与否。

母亲患有美尼尔氏综合症，身体不好，时为失眠所困。她数十年起早贪黑忙工作，还负责一家老小洗缝浆补，操心孩子的启蒙、学习和其他。孙儿孙女出生后，又帮忙抚养。经年累月劳顿，加之冬日不舍用热水，双手骨节变形严重。每思及此，作为儿子，心总不安。

1989年，父亲在京学习，召我去开眼界。母亲给我随身带了包子、鸡蛋，乘坐近30个小时火车，局部已有异味，但想着临行母亲一早起身蒸煮的身影，心中不忍，硬是把变味部分去除，勉强咽下。到京后，每日出行，父亲均用饭盒在学校食堂将午餐打好带出，入口时已冰冷，晚餐则又赶回学校，没在外花一分餐费。

生活上勒紧裤腰、尽力节俭，对子女的智力投入、家庭的文化建设，父母却不吝啬。

父亲对子女培养的上心远不止对个人爱好的隐忍。他与母亲常言："经济上翻身可能一次偶然就能实现，文化上翻身则需要几代人的共同努力。"这正如西谚所云"三天可以出暴发户，三代人才能出贵族"。

父亲是谢家第一位大学生，仅靠自学，于1957年从黔北农村考进贵阳师范学院（今贵州师范大学）。由他与两位伯父的名字"开科""开举""开选"，足见祖辈对"文化翻身"的期冀。

幼儿园放学时，最让我兴奋的是等在园外的爸妈手中的"连环画""小人书"。这书，我曾有整整两抽屉，正是那些纸上的历史风云、金戈铁马给了我最初的文化滋养。

改革开放后，人们被束缚的对知识的渴望一下子释放了出来。好些日子，父亲凌晨三四点即起身前往学校几公里外的花溪新华书店排队，等到天亮，他抱着一大摞中外文学名著和作文选集归来，接着立马与母亲用牛皮纸逐一精心包好，由母亲用红墨水钢笔工整地写上书名，存放进老式书桌。开学，那些文学名著、特别是中国古典文学名著，以及家藏或借自图书馆的正史、野史等，我冒着被老师和父母发现、被同学举报的风险，或是马虎应付作业挤出时间看，或是上课搁在课桌抽屉偷偷看。假期，更是不舍昼夜、如饥似渴地摄取。一套《说岳全传》，两天全部“消灭”。对唐诗宋词，以及作文选集，父母则夹着遵义方言，抑扬顿挫，逐篇为我朗读、释义，要我背诵、抄写、记取……

国门打开，日本电器陆续舶来，为帮助我们学习英语、了解时事，父亲还在大杂院里率先买了放唱片的电唱机，后又“赶时髦”，迅速转卖，换成了更现代的三洋牌收录机。再后来，更买了一台贵阳本地产海燕牌黑白电视机。每台机器，都要好几百块钱，令邻居小孩羡慕不已。尽管收录机最终并未助我学好英语，只成了我听流行歌曲和评书的工具。

呼吸着浓浓书香，伴之严格的写作训练，学生时代，我的作文就不时被老师当作范文表扬。初一暑假，我甚至将白纸画上竖行，请母亲订成“线装书”，由右自左，半繁半简、半文半白，意犹未尽地写了几回竖排的《续〈续小五义〉》。至今，我早已不记得当年所读书籍的大多数具体内容，但常一提笔，那种潜移默化的“文感”，就似乎自然地从心泉、指尖、笔尖汩汩而出。

退休后，父母又节衣缩食，以分分粒粒积攒下的退休金，为孙儿孙女建立起一笔20余万元的教育基金。他们想留下的是属于这个家的独特财富。

三

中小学记忆中的多数时候，父亲是严厉的，严厉得刻板。

我实在想不起，哪一次鼓足勇气对几分钱一支的冰棍怯生生地申请，得到过板着面孔的他的满足。我和姐姐从不敢把同学往家里带，因为父亲

1958年夏，于贵阳师范学院（今贵州师范大学）寝室学思。

认为这影响学习，我们生怕看到他板得更厉害的面孔。

幼时的冬日，保暖条件差，似乎特别冷，无数个凌晨，父母六点半准时将我们叫醒，毫不怜惜地赶进刺骨寒风中，吆喝着由贵大向董家堰乃至大水沟跑去。我们三姊妹在“魔鬼训练”中长大，也无一不磨炼出吃苦耐劳、坚定执着的意志与品格，在今天的工作中得以各展所长，并能够不断克服生活之困难。

等到读了大学，父亲一下泾渭分明，不再像原来那样细微地约束我们。在他眼中，我们是真长大了。

三姊妹中，我是男孩，相对调皮，打小性情刚烈不羁，青春逆反期甚至屡屡气得母亲卧床，于是就成了“黄金棍下”的“人才”。面对父母气极举起的竹竿，我曾咆哮长大了要“报仇”，而如今，“养儿方知父母恩”，想的却是只争朝夕的报恩。

事实上，也有不少的温馨和有趣。

月光下，只有几岁的我，坐在小板凳上听父母讲故事，听着听着就枕在他们腿上甜甜睡去的滋味，我忘不了。刚毕业工作那些年，周末归家遇雨，父母在贵州大学校门口久久的撑伞等待，也忘不了。还有，为了刚出生的劼儿、磊儿有奶喝，父母不顾年迈一回回到远处的菜场买来上好的母鸡……这些哪里能忘得了！

对于三个孩子，父亲有时又呵护得“不可思议”，家里来客留餐，不招呼客人，却生怕自家孩子吃不好，不时劝食，弄得我们十分不好意思。

伴随国门打开，港台流行歌曲大热，一度被指为“精神污染”，不少家长禁止未成年孩子收听，父亲则不然，反而翻录了当时能见到的邓丽君、奚秀兰，乃至张帝等港台歌星的几乎所有歌曲磁带，不加限制，任我们畅听。对当时一些有争议的书籍也不加限制，我初二就读完父亲借自图书馆的竖排繁体“三言二拍”等书，语文老师看了我的暑期阅读书目，竟嘟囔：“你爸爸怎么让你读乱七八糟的书啊。”

父亲“赶时髦”不只是赶收录机。入冬，劝他年龄大了可以戴戴帽子，总回应说不冷。这让人想起他中年时买了不少各种样式的帽子，天不太冷就急急带上，原来并非怕冷，而是扮酷、“赶时髦”。

最忘不了的是大学毕业。我成绩排全班第一，一家最向往的新闻单位却对我不感兴趣。父亲为此奔波不知多少回。一次情急，竟冲进那家新闻单位正在召开的编委会。如果不是深沉的父爱，怎能想象？在父母的努力下，我最终如愿以偿，干上了喜爱的新闻工作，并取得了不错的业绩。

父亲与妹妹最合得来，两父女常相携于校园漫步谈心。妹妹远行上海就学，原本乐观的他几乎一整周不发一语、情绪低落。正如父亲在多首诗词里传递的，东海之滨的那座城市、特别是小外甥女顺顺，从此就成了他的极大牵挂。

一次，我赴台湾，带回的凤梨酥很快“消失”，数月后，妹妹一家归来，父亲才不知从哪里翻出，说是给顺顺留的。觉得是好东西，自己不舍得吃、留与小辈的情况，在父母身上已数不胜数。我和妹妹都数落他不该把东西放不新鲜了，且上海也不缺这些。但唠叨之时，心却隐隐作痛。

四

有人说，儿女价值观的养成主要来自父亲、生活习惯的养成则主要来自母亲。若按此说，我的父母各自的职责都履行得很好。

《八秩述怀》，其实始终都表达着父亲的价值追求。

2009年11月，我到贵州省委外宣办履新，父亲专为儿子赋诗一首：

政策策略社稷命，原则灵活百姓声。
知己知彼能制胜，德才兼备稳航程。
关心群众问疾苦，榜样无穷塑典型。
严己宽人怜部下，劳逸结合才双赢。

2015 年 7 月，与儿子谢念携长孙知劼、幼孙冠磊于贵阳。

2016年2月，我任职贵州省委网信办，父亲又赠诗云：

一轮新月破云时，正是吾儿夜静思。
重担上肩须稳健，政策在胸任驱驰。
先贤榜样光辉照，后起良才放胆支。
严己奉公惜部下，长空展翅见高姿。

我一直将父亲的勉励作为“为官”座右铭，尽心竭力做好手中每件事，力求于公于私、对人对己问心无愧。

父母有诸多不同，但除了勤劳、坚韧和重教、好学，还有个共同点：都是“线性思维”，直来直去。为人处事、看待事物，没那么多人情世故、没那么多“弯弯拐拐”，而是发自内心认为这世界就是“新闻联播”里的世界。他们的善良，犹如铺展在一张平整的白纸上，看不见褶皱。他们的真诚与真实甚至可能会在人际相处中事与愿违，带来些尴尬。家里装修、物管费缴纳以及姐姐家拆迁等事宜，父亲总是站在对方立场算账，说是“不守规矩，人家说起来不好嘛”，这让我们很是没脾气。

偶尔，我也会生出些抱怨，抱怨父母没有给我更圆滑的教育和影响，否则，我或许可以因为“能来事”“会为人”发展得更好，而不至于吃那些不该吃的“亏”、吃那些比别人更多的“苦”。但随着年龄渐长，更多时候，我却对父母心存感念，正是他们极为正向的教育，不但给予了我“做事”的本领；更重要的是，还给予了我“做人”的原则，帮助我建立了较为强大的内心，让我面对人生的困难，没有那么多自我的煎熬；同时，让我面对社会的复杂，仍能坚持让阳光占据心底，并因之在前行路上不断得到“贵人”相助。

家风如人之魂魄，对一个家庭及其成员至关重要。正是因为父母培育的良好家风熏陶，他们的三个孩子，也无一不努力以他们为榜样，像他们一样将极大的精力花在自己孩子身上，为孩子言传身教树榜样，极其认真地肩负着为人父母的责任。同时，在家在外、在工作中生活里，尊老爱幼、先人后己、互助友善、包容理解、阳光积极、勤勉担当，是这个家庭每位成员、包括孙辈的共同自觉。我想，概而言之，父母给予我们的家风，总体上可以总结为“重教，勤奋，珍爱，尽责”这四个词八个字。

1999年5月4日凌晨，提前10余天、赶在青年节来到这个世界，与他时在《中国青年报》做记者的父亲相会的劼儿，如今已是一米八高的小伙子了。对于人生的一些重要命题，如“为人”与“做人”的关系等，他开始有了独立的思考。在高一一篇作文中提到自己的家风，他说：“尽管我还不能做到像祖辈和父辈那样，但会尽力靠拢……”

劼儿的这番话令我欣慰。精神、价值层面的事，培育难，毁掉却易。“重教，勤奋，珍爱，尽责”的家风，需要每一个家庭成员像爱护眼睛般去珍惜，需要一代又一代的传承与累积。我希望，我的磊儿，将来也能像他哥哥一样，不仅能从爷爷的诗词集里深深地体味到祖辈、父辈的爱，更能在浸透于这本集子的家风沐浴中健康成长，并与他的哥哥、姐姐一道，将之发扬光大，锻造出共同而有个性的精神气质。

父母给我取了个好名字。我心存谢念！这正是我想要对父母以及所有帮助、支持过我的人们所说的。

2016年3月23日于贵阳多乎斋

序三／爷爷，一位真正的诗人

◎长孙 谢知劼

原以为爷爷的《八秩述怀》仅仅是一部诗词合集，或者是爷爷这么多年学诗的练习簿。但品读后才发现意义远不止如此。这是爷爷以诗词形式写的一部自传，里面有他父亲的故事，有他刻苦读书的经历，有他的爱好，有他对晚辈们的嘱托……他在晚年重新操起了他历史系老师的旧业，像爸爸说的，写了一部十分珍贵的家庭、家族历史，而且还有诗有书有画，多是自己创作。我觉得，人的一生能有这么一本著作是很伟大而幸福的事情。

不像其他家人，我小时候虽对唐诗三百首也有接触，但从来没被压着背过，眼看就要与诗无缘了。后来爷爷开始学诗，在这点上，我见证了他的“成长”，那些艰涩的韵脚字典，那些中国诗词季刊周刊，以及爷爷拿着放大镜的冥思苦想，我都有印象。也许是受了他的感召，上高中后，我渐渐又喜欢上了诗歌，在繁忙的高三学习时光中，我每天都会坚持看一首诗词来滋润自己的心灵。我甚至想在爷爷的基础上发展，做一个“游吟诗人”，那是我十分向往的境界。看了许多诗，我对诗人这一角色也有一些粗

“贵州山水美如画，游子思乡衣锦归。少小离家情不改，师生友谊隐翠微。”《题画诗》诗意，吴伟东先生绘于南京东郊。

浅的理解，再比照爷爷，他绝对具备诗人的素养，是真正的诗人。

一是敏感。叔本华说：“凡夫俗子只会嫉妒诗人所经历的不凡，而他们往往不知道诗人只是将平淡无奇的事物化腐朽为神奇罢了。”爷爷的外表是有些“麻木”，但却隐藏着一颗富于情感的心和一个有趣的灵魂，这从他的诗中可以看出。而我第一次这么觉得是在我听到他年轻时的故事：作为马山中学的校长，不畏当时的造反派，颇有些英雄气概，让我猜想年轻的他也许是个热血青年，“安能摧眉折腰事权贵，使我不得开心颜”！后来我又逐渐发现，爷爷身上还有些类似小伙子的气质，无论是大冬天跑去花溪河游泳，还是大清早爬起来会球友，多像我们在暴雨中打篮球一样，充满了激情和能量，这远非那些坐在电视面前的老年生活所能比的。当激情褪去，再好的诗歌也不过是无病呻吟。

敏感不仅限于热血，还体现在生活的趣味上。毫不夸张地说，我一直认为爷爷、奶奶炖的牛肉是全天下最好吃的，半肥半瘦，汤上面盖着一层牛油，以前周末回去他们常做给我吃。还有这次回湄潭，那些表伯所说的为每个人一碗一碗不厌其烦炒制出来、令人垂涎欲滴的蛋炒饭，以及豌豆腊肉糯米饭、炖的鸡汤……也不知道他一位男性老人是在哪里积累的这么多的烹饪心得！此外，爷爷养昙花、养三角梅，还帮助我养捡回来的雏鸟，这些工作并不那么容易，可爷爷乐在其中，整个人的生活极富诗意。

由上面这些生活细节又可得到敏感的第三层意思，那就是——爱。我们说“哲学是智慧，更是爱智慧”，诗与哲学常被称为同列，也需要爱来充盈。因为对知识的热爱，爷爷有“麻鞋不改英雄志，坚冰难摧学子坚”的勤奋努力；因为对生活的热爱，爷爷有“白絮寒冬球为伴，骄阳盛夏泳强身”的运动热情；因为对家乡的热爱，爷爷有“六块金牌华夏四，贵州两块美名扬”的自豪；因为对祖国的热爱，爷爷有“万苦千辛出盛世，卧薪尝胆上千年”的感慨；因为对家人的热爱，爷爷有“爷爷急似火，奶奶起星辰”的对他这个孙头的万般焦虑；因为对家族的热爱，爷爷有“家风传万代，勤奋出良才”的殷切期盼；甚至，因为对麻将的热爱，爷爷有“亲朋好友来相会，麻将两圈兴味长”的自嘲。当然，也有“由爱生恨”的情况：“百年耻辱今朝算，旧恨新仇一并清”是对日寇的怒吼；“百计千方寻猎物，批发零售卖灵魂”是对敛财卖官现象的指责。而无论是爱是恨，都可以总结在爷爷对写诗本身的爱上：“诗土一方勤料理，泪干丝尽梦能圆。”从这个角度看，爷爷具备诗人敏感的素质。

二是淡然。淡然与敏感并不矛盾，敏感能确保有题材可写、有感而发，但这还不够，唯有真正淡然的人，他的诗词才能写出大境界，不然就只能流于花间词、闺怨词或是民间的一些小曲，读来虽美，却终不能给人深刻印象。我们常说，苏东坡在中国诗人里拥有最完美的人格，因为他既有豪情壮志、多愁善感的一面，也有不惧风雨、恬然自适的一面。我想，爷爷在某些时候表现出的“麻木”，近似于苏轼的豁达。比如，马山中学时期爷爷遭人排挤，是人生的低谷，但至今在校人员仍将那段时期的马山中学称之为“高峰时期”，于中可见爷爷无论处于哪种境地对工作都有积极态度。眼见为实的是在家庭聚餐时，爷爷有时反应慢，虽遭到全家人开玩笑式的“嘲讽”，但他从来不以为意，从来不摆起那种高高在上的家长式姿态，反而和我们一起开心地笑；还有，爸爸和爷爷在餐桌上经常争论一些问题，这些争论常常以爸爸一方压倒性的优势结束，爷爷坚持他的观点，但从来不会面红耳赤地争到底，而会选择沉默，避开爸爸的“锋芒”。

人越老越善，大多数人随着年龄的增长，性格里都会多一份淡然与“麻木”，只是爷爷仿佛很有天赋，在比较年轻的时候就具备了这份淡然并且一直保持到老，这或许是他健康长寿的原因，也是在他诗词集的“老骥述怀”与“七彩人生”部分，让我感觉诗有仙人风骨的原因。总之，淡然不是爷爷老年才习得的，是早已根植于骨髓深处的真情流露的抒怀。到现在，爷爷还常对我说："心态是最重要的。"爸爸也常告诉我，我们两父子要向爷爷学习这种"麻木"，少点"敏感"，不然会很痛苦。

三是才华。才华从何而来？才华源于坚持。我有时会怀疑，爷爷对一些爱好的学习不仅是因为单纯的喜欢，而是像要完成什么夙愿似的。小时候的我为很多业余爱好而学习过，弹钢琴、打羽毛球、学书法、学画画，爷爷十分乐见其成，希望我成为一个多才多艺的人，可后来由于各种因素我放弃了不少，我知道老人家为此有过多次不满。也许，爷爷是想将我未学完的东西坚持学完，给他的孙头做个表率吧。

是的，在坚持与自控方面，我难望爷爷项背。学诗时，他每周雷打不动去诗词班上课；闲暇时间，又阅读批注大量的诗词——这是我在他的诗词辞典中看到的。而他的这本《八秩述怀》，又是由多少习作中精挑细选的一小部分啊！小时候，我和姐姐写作业的草稿纸背面很多是爷爷写诗的草稿。学书学画也都如此。书房早就被爷爷"占领"了，他每天就在书桌的大毡子上练习，楷书、隶书、行书，现在又买来草书字典；画鸟、画竹、画花，已经完全可以将国画作品正式配在诗词集上了。不甚喜欢看电视的爷爷，每天端着饭都要跑到客厅去准时收看20分钟书法节目。这深深影响到了我：高中在校期间，再忙，每天中午也会坚持读20分钟课外书。我曾建议爷爷去把篆刻学了，这样，诗书画印四样齐备，成了标准的中国传统文人。爷爷对此显得胸有成竹，因为他知道"只要坚持，没有什么事做不成"。这是爷爷的口头禅。

爷爷的身体同样如此，中年时健康状况很差，是数十年如一日的锻炼使他今天精神百倍。相比之下，我怎不自惭形秽，但同时也受到了启发。"东隅已逝，桑榆非晚"，墙头上还挂着太阳呢，这位"恐怖"而慈祥的老人家在晚年诗书画俱全，把别人多少年的功课都做了。老年人都喜欢朝花夕拾，自传我见得不少，可有一部以诗歌形式呈现的自传并非易事。

爷爷说：“不求一时黄金屋，但愿鬓霜迟点白。”去年春节的鼓浪屿之行，令我比较沉重的是爷爷、奶奶体力不如从前了，他们会落在我和爸爸后面，不像当年送我去上小学时在前面健步如飞。可是，当我阅读到爷爷诗词集字里行间透露出的满满的正能量和智慧，又知道爷爷的精神世界越来越丰富而充满活力，尤其是看到他和奶奶回湄潭参观旧时景物的样子，那个兴奋劲，瞬间让我放下心来了。爷爷脑中的所思所想，正如姑妈所言，像一瓶80多年的老茅台，越老而越醇厚，飘香四溢。“诗书画羽留鸿爪，苦辣酸甜写小诗”，这哪里是鸿爪，分明是爷爷那双奋斗过、坚持过、呵护过儿孙的粗壮的大手；这诗哪里是小诗，分明是爷爷从生活的酸甜苦辣中总结出来的大智慧。

敏感、淡然、富于才华，爷爷具备这三种特质，是真正的诗人。而他的孙头，将会踏着他的脚印，望着他的背影，以爷爷为标杆，继续前行。

2017年10月十八岁于武汉大学

上：2018 年农历大年初一于贵阳。知劼：“我心里向往的画面，是和爷爷一起读书，各读各的，但都在进步。”
下：2016 年春节，三代同游厦门大学，缅怀陈嘉庚精神。

2000 年、2005 年、2015 年，与知劼分别于贵州大学、遵义乌江畔和贵阳六广门。

卷一／时代风采

改革开放颂[1]

谁使神州满地春，改革开放动神魂。
农村绘出小康景，城市飞扬幸福心。
几度太空探日月，一条天路震乾坤。
民心尽在笑声里，社会和谐土变金。

伟人毛泽东[2]

韶山红日耀神州，虎斗龙争卷巨浪。
持久战论歼日寇，运筹帷幄灭魔头。
唐宗宋祖输文采，书圣诗仙少武谋。
不畏强敌抗美帝，敢除旧约[3]写春秋。

参观韶山有赋

久慕韶山领袖情，山山水水爱深深。
六经饱读择师教，时弊认清识友星。
舍命捐亲心血洒，临危不惧胆肝倾。
复兴华夏功勋著，一代诗家万古名。

---

[1] 2010年6月7日发表于《贵大吟苑》，《中华诗词大辞典》《高举红旗唱心声》收录，获贵州省新声韵中华诗词大赛优秀奖。（凡后文注释皆从作者——“我”的角度叙述，不再特别说明。）

[2] 2011年6月13日发表于《贵大吟苑》，《中华诗词大辞典》《影响当代中国的新千家诗》收录。1949年，蒋介石宣布“下野”，国民政府代总统李宗仁提出划江而治的错误主张，毛泽东坚决反对，不久百万雄师过大江，结束了蒋家王朝，维护了中国统一。

[3] 除旧约：废除旧中国签订的不平等条约。

2016 年 12 月，于湖南韶山毛泽东故居。

海棠依旧——怀念周恩来总理

海棠依旧笑东风，宰相奇才盖世雄。

旰食宵衣勤为政，运筹帷幄傲苍穹。

纪念孙中山先生诞辰一二〇周年 [1]

月明当空忆中山，辛亥同仁史空前。

历尽艰危十几载，推翻帝制两千年。

拯民水火功勋著，让位高风总统贤。

虽有营中害群马，不妨万代美名传。

2015 年春节，于广州中山大学。

[1] 2012年4月2日发表于《贵大吟苑》。读小学时，就与同学遥望当空明月，羡慕中山革命。

新中国成立六十周年忆邓小平[1]

中国革命路漫长，风雨几经国栋梁。

北战南征尝尽苦，东攻西进敌残殇。

心装百姓轻生死，宦海沉浮百味尝。

开放改革除旧制，国强民富胜汉唐。

宏略两制新思想，港澳双回纳凤凰。

饮水思源长惦念，丰功伟绩万年长。

改革开放颂邓小平

回天胆略梦复兴，福泽中华岂为名。

开放砸开封闭锁，改革敲响富民钟。

三中全会通金道，两制妙思大将风。

美丽中国雄世界，小康黎庶颂恩公。

纪念中国共产党诞辰九十周年怀念李大钊同志

九州长夜路茫茫，外患内忧盼曙光。

拯救中华担道义，武装黎庶写文章。

头颅何惧揭黑暗，热血横抛挽危亡。

华夏复兴盛世路，李公千古永留芳。

[1] 2009年12月21日发表于《贵大吟苑》。

纪念中国共产党诞辰九十周年[1]

百年屈辱痛何堪，割地赔款泪不干。
热血精英聚上海，旌旗高举谱新篇。
敌强我弱游击术，迷信苏联书本搬。
硬打死拼阵地战，损失惨重铁索寒。
狂风暴雨疑无路，前阻后追浪滚翻。
绝境逢生遵义会，泽东掌舵转危安。
乘风破浪摧枯朽，落叶秋风窜台湾。
建立共和华夏笑，项庄舞剑绿江边。
航空母舰驶东海，导弹威胁挑事端。
老大趁机毁协议，专家撤走工厂瘫。
重重困难难不倒，条条战线奏凯旋。
四害[2]扫除国运好，三中全会满堂欢。
改革开放强国路，港澳回归羽翼添。
全面小康百载梦，开发西部九州援。
睡狮觉醒惊权霸，赢取时间固江山。
九秩春秋路漫漫，今朝盛世舜尧天。

[1] 《影响当代中国的新千家诗》收录。

[2] 四害：王洪文、张春桥、江青、姚文元相互勾结而成的“四人帮”。

志贺新中国成立六十周年

风风雨雨六十年，民富国强尧舜天。
尝胆卧薪齐奋起，振经抗美写宏篇。
曲折道路摸石过，正本清源纳百川。
开放改革长治路，丰衣足食万家欢。
曾羞国弱任割宰，最忆共和新纪元。
烈士百年鲜血洒，小康万代庶民安。

1957 年 2 月，于北京天安门。

加入中国共产党五十周年感赋[1]

深恩培育五十光，岁月流金未敢荒。

暮景桑榆亦不晚，争分抢秒谱华章。

参加中华诗词学会有感[2]

心仪堂奥慕前贤，快递忽传来玉函。

煦煦春风施惠雨，奄奄老树获甘泉。

夕阳犹奋匹夫力，拙笔当书锦绣篇。

诗土一方勤料理，泪干丝尽梦能圆。

港澳回归

璀璨明珠寓海疆，同遭外侮历沧桑。

百年流浪千滴泪，一世荣归万载芳。

游子思乡慈母梦，小平构想祖国昌。

儿回娘爱双双好，华夏复兴处处光。

[1] 获2008和谐文化之旅全国诗词散文大赛二等奖并入选获奖作品集。50周年，即1956年11月-2006年11月。

[2] 2013年3月25日发表于《贵大吟苑》。

奋发赶超中的贵州

奋进贵州任剪裁，精英各路勇登台。
丹心铸就小康路，碧血凝成锦绣牌。
经济腾飞花满月，和谐社会喜盈怀。
乌蒙处处群星灿，四面八方学子来。

奋发赶超中的贵州干部[1]

黔人久有凌云志，同步小康心底求。
张满风帆追日月，复兴华夏写春秋。
赶超原起贵州梦，奋进还因百姓由。
信念如山凝众望，蚕丝吐尽始干休。

读微信朋友圈有关长女谢萍信息有赋[2]

三尺讲台满屋春，手机微信送佳音。
轻松互动启学子，妙语连珠乐贵宾。
说事诙谐添雅兴，自嘲常伴赋诗吟。
神州大地李桃赞，茹苦含辛日月闻。

---

[1] 2013年8月30日发表于《贵州日报》，2013年9月9日发表于《贵大吟苑》。

[2] 2014年11月16日，儿子微信朋友圈出现一条信息：“与学生轻松互动，诙谐，妙语连珠，常自嘲，说事而不说教，不依靠打考勤留住一帮成人学生。中国奇缺这样水平与心态的老师。”说的是讲授心理学颇有声名的长女谢萍，她当时正在给贵州大学与加拿大魁北克大学合作的项目管理硕士研究生班上课，学生都是企业高管。

赠儿（二首）

其一

二〇〇九年十一月儿子谢念调贵州省委外宣办履新赠诗

党风民意国家命，政策原则百姓声。

知己知彼能制胜，德才兼备稳航程。

关心群众送温暖，榜样无穷塑典型。

严己宽人怜部下，有劳有逸觅双赢。

其二

二〇一六年二月儿子谢念任职贵州省委网信办赠诗

一轮新月破云时，正是吾儿夜静思。

重担上肩须稳健，政策在胸任驱驰。

先贤榜样光辉照，后起良才放胆支。

严己奉公惜部下，长空展翅见高姿。

欣闻小女谢毅荣升高管有赋[1]

欣闻小女已高升，满目书山汗铸成。

少小离家东海度，宵衣旰食月儿明。

金融股市浪风大，远虑深谋谨慎行。

严己宽人多问计，强身健体贵持恒。

---

[1] 作于2013年。

左上：长女谢萍正在做讲座。
右上：儿子谢念于贵阳。
下：小女谢毅于上海公司办公室。

贺爱女谢萍五十华诞兼颂爱孙岱青[1]

半生辛苦一生安，金榜题名万代传。

慈母丹心肝胆献，寒窗苦读雨风欢。

雏莺反哺情难尽，滴水润根苗岂干。

育李培桃舒壮志，乐观运动寿南山。

观中国拳王公开赛[2]

凉风爽爽兴犹狂，世界拳王争霸王。

有色肌肤已融汇，多元文化梦飞扬。

荣国上场苏[3]丧胆，邹氏[4]挥拳敌顽强。

六块金牌华夏四，贵州两块美名扬。

观看二〇一〇年中国羽毛球上海公开赛

群英荟萃浦江东，对手棋逢绝技攻。

广衮赛场盈喜气，五洲四海聚枭雄。

猛攻狠杀千斤重，轻吊远高微妙中。

一步一球周密计，运筹帷幄孔明风。

[1] 作于2016年。

[2] 《松风诗选》收录。

[3] 苏：哈萨克斯坦选手苏曼诺夫。

[4] 邹氏：中国贵州拳击选手邹市明。

林丹获羽坛大满贯有感[1]

天之骄子展国风，蜀道攀登千万重。
一片丹心酬壮志，十年汗水洒巅峰。
羊城一战枭雄退，上海再征老少崇。
技冠五洲大满贯，迢迢千里慰诗翁。

盛世感赋[2]

迎新送旧三十载，开放改革尧舜天。
城市高楼拔地起，农村别墅遍乡间。
两千多载皇粮免，八亿农民种地欢。
港澳回归国耻雪，台湾一统大团圆。
病夫帽子飞天外，奥运金牌压霸权。
航技发达探月亮，华人天上搞科研。
金融百载危机起，亿万投资黎庶安。
万苦千辛出盛世，卧薪尝胆上千年。

---

[1] 2011年3月14日发表于《贵大吟苑》，《中华诗词大辞典》收录。2010年11月，专程赴上海观看中国羽毛球公开赛。

[2] 发表于《晚晴》2009年第2期。

盛世免农税学费有赋

春风万里暖人间，暑往寒来千古捐。
中小学生学费免，寒家子弟笑眉弯。
皇粮免去农夫笑，华夏同声井水甜。
政策富民民拥护，成城众志建尧天。

赞交通协管员[1]

吾送孙孙上幼园，春风拂面暖心田。
高高兴兴载歌舞，紧紧张张赶时间。
我欲撞红穿公路，伊拽衣袖苦心拦。
一生无事平安保，喜有身边协管员。

孙女岱青小学毕业赠诗

春风得意听新闻，彰表外孙张岱青。
六载数学分满贯[2]，九州庚赛第一名[3]。
六年班长桂冠戴，一百奖状喜气盈[4]。
北大清华非妄想，扶摇直上摘星辰。

---

[1] 2012年6月11日发表于《贵大吟苑》。

[2] 长孙女张岱青小学六年数学成绩都是100 分。

[3] 张岱青小学荣获华罗庚数学竞赛和“希望杯”全国数学竞赛第一名。

[4] 张岱青小学期间荣获各种奖状超过100张。

倾心培养儿孙。贵阳一中是长孙女岱青、长孙知劼的共同母校。小孙女声远初中就读于上海张江集团学校。

喜闻孙女岱青高考成绩公布有贺 [1]

半夜铃声满屋惊，隔窗喜鹊树梢鸣。
书山有径圆初梦，汗水常流锦绣程。

长孙知劼就读贵阳一中实验班赠诗 [2]

直通实验创优班，汗水凝成锦绣篇。
苦雨凄风陪日月，寒冬酷暑伴江天。
英文有兴登高处，体育强身固本源。
应在书林觅乐趣，当学前辈孝先贤。

长孙知劼赴武汉大学就读临别赠诗 [3]

金榜题名酬壮志，书山助你上高楼。
挥毫翰墨圆初梦，衣锦荣归尽孝猷。

故事大王高声远 [4]

公公门外笑颜开，三步并着两步来。
故事大王英语妙，一张奖状半年裁。

---

[1] 2016年6月，长孙女张岱青参加高考获理科裸分661分的好成绩，其中语文137分（仅差状元1分）、数学131分。中国人民大学、南京大学、南开大学、同济大学、四川大学等985名校均主动联系，欢迎就读。

[2] 2014年9月，长孙谢知劼中考成绩裸分605分，被贵阳一中录入实验班。

[3] 2017年6月，长孙谢知劼参加高考获文科裸分656分的好成绩，其中英语达140分。

[4] 作于2010年。小孙女高声远4岁时在上海市幼儿园“我型我秀——故事大王”用英语讲故事比赛中，获“故事大王”称号。

上：2008 年 10 月，与长孙女岱青于黔东南西江千户苗寨。
下：2015 年春节，与小孙女声远于广州长隆动物园。

二〇一一年喜闻孙女声远过上海英语一星级有赋

夜夜青灯学子辛，师传母教晓星沉。

寒窗炼就夺魁手，金榜题名几处闻。

二〇〇八年抗凝冻保民生

一

青山叠翠南方美，花果盈园米粮川。

罕见百年冰雪害，冻凝几省月难圆。

参天大树身压断，满目修篁半死眠。

电网断瘫无水电，禾苗涂炭不生还。

二

冰封万里断公路，雪压千山航不通。

车站人山人为患，路途客滞客寒中。

漆黑城市盼灯亮，电厂缺煤炉不红。

猪肉价格随雪涨，果蔬利润伴冰升。

三

岂容盛世冰魔舞，处处神州战冻寒。

总理主席前线去，军民党政信心添。

百官日夜雪中走，万众齐心凝里穿。

凝线电工敲冻雪，破冰交警保平安。

扶伤救弱绿丝带，解困济难总动员。

心有人民心暖暖，肌肤冻裂面欢欢。

四

凝冻雪欺千万重，山民被困饿寒中。

军人送水亲情涌，政府济粮热泪盈。

发电柴机茅舍亮，空投衣被百家宁。

无情冰雪人心暖，大爱募捐誉九重。

五

老翁遭遇大凝灾，冻柱冰帘落地垓。

室内结冰衾不暖，厨房无电饭难开。

手机电话双中断，儿子姑娘救济来。

狼狈不堪几昼夜，凝冻洪水两狼豺。

六[1]

低温雨雪冰凝害，损耗亿千血汗钱。

灾后千疮百业建，科学谋划民为先。

育苗改种丰补欠，水电疏通社会安。

战胜冰魔春满地，青山绿水又还原。

七

烈士血流山与路，疲惫过度苦和寒。

英雄伟业传千古，百姓安居一万年。

英烈为民已仙逝，人民纪念泪潸然。

吾将烈士英雄血，谱写爱民传世篇。

---

[1] 发表于《晚晴》2008年第7期。

看电视抗旱有感

黄昏独坐对荧屏，无限揪心看旱情。
罕见九州百日旱，众观千马万军行。
中央援救倾国力，省市募捐感月明。
党政军民齐动手，黎民老幼战魔精。
深山打井千千万，城市水车万万乘。
大爱涓涓泉水涌，民安国泰颂声盈。

名师颂

名师授业不虚传，风范品德誉满园。
不倦诲人如父母，德才并重效先贤。
答疑解惑天侵晓，送往迎来汗透衫。
李绿桃红传喜讯，春风拂面乐无边。

贺贵州大学成立一〇五周年

百零五载经风雨，老树千年新叶添。
几度沧桑终矫健，三番合并大团圆。
春回大地百花艳，雨润黉门万笋鲜。
不尽良才西部涌，明天母校更骄嫣。

贺贵州大学荣获全国诗教先进单位称号

朗朗黉门岂自夸，高张吟帜耀中华。
诗词进校文章好，翁妪互吟歌赋佳。
学子唱和春笋茂，宾朋作对锦中花。
春风唤起群雄涌，文化兴邦万朵霞。

贺贵州大学诗词学会成立 [1]

今缘诗会贵山下，百载 [2] 骚人始有家。
华夏文明传万古，贵州学子耀中华。
诗词韵律与时进，盛世讴歌浪洗沙。
马力开足时代笔，超唐迈宋育新葩。

贺《贵大吟苑》创刊五周年 [3]

益友良师拓大荒，亲朋故旧捧琼浆。
雏莺老凤和金曲，佳句妙词成玉章。
不吝五年心血洒，喜观四海李桃芳。
讴吟只盼新苗绿，积跬可期老树昌。

---

[1] 作于2008年。

[2] 百载：贵州大学成立105周年始成立诗词学会。

[3] 2012年12月31日发表于《贵大吟苑》。

在贵州大学校园工作、生活40余年，留下深深记忆和深厚感情。

贺《贵大吟苑》出刊四十期

吟苑四十硕果收，韶光一秩凤凰游。

雏鹰拂晓长空咏，老骥青灯彻夜讴。

墨客骚人抒壮志，名师才子写春秋。

相期来日百花艳，把酒临风更上楼。

欢庆贵州大学《吟苑》创刊十一周年

十年汗水洒吟苑，一本拙诗谢友朋。
友谊亲情盈满纸，民安国泰爱独钟。
江山美丽高歌颂，百姓勤劳俯首崇。
墨水半瓶骚客扮，校园春笋百花红。

贺贵州大学松桃诗社成立

北南翁妪鼠年春，安度晚年始有门。
泼墨篇篇歌盛世，挥毫字字颂黎民。
诗词进校弘文化，曲赋唱吟启后昆。
喜获古稀松社进，添砖加瓦百花馨。

中英友谊姐妹情 [1]

筑城爽爽艳阳天，满地落红灿烂颜。
一朵奇葩迎友到，两国学子结良缘。
中英万水似兄妹，华夏五洲如月圆。
几日光阴一瞬过，永留情谊百年传。

[1] 2010年11月10日下午4时，应长孙女张岱青之邀，英国两位13岁女孩光临贵阳市六广门寒舍。客厅三角梅谢了，满地落红煞是可爱，树上独留两朵盛开，欢迎英国小朋友。

胡锦涛总书记温家宝总理情系玉树灾区[1]

遥闻玉树地房崩，犹是灾区疾苦声。
寡母孤儿频入梦，心如火燎起三更。

温总理访贫问苦[2]

百姓饥寒心挂牵，严冬将到睡难安。
除夕不在家中过，大雪满身走万山。

全民奔小康有感

高天吹响小康曲，动地闻声齐奋戈。
刷洗百年贫困史，披星戴月乐登坡。

赠捷克司机[3]

波罗的海遇雷锋，不慎遗金雾几重。
捷克司机千里眼，穷搜细觅物归翁。

[1] 作于2010年4月。

[2] 作于2008年2月，2008年6月9日发表于《贵大吟苑》。

[3] 2011年9月24日，旅欧期间乘车时不慎遗落20欧元于座位缝下，捷克籍司机发现后，穿越几排座位，趴地上将钱掏出归还。十分感动，特赋此诗致谢。

富翁赠别墅[1]

穷山恶水寒家子，商海遨游揽月星。
富贵回家酬壮志，一湾别墅送乡邻。

上海世博会采风[2]

热浪金风拂面来，吟诗作对觅佳材。
贪心不顾诗囊破，似火骄阳展馆徘。

乘公交车有赋

公交车到自成排，腿脚不灵先上来。
刷卡一声关爱送，频频让座笑颜开。

蝶恋花·二○○八年北京奥运会[3]

开放改革千样好，唯忆中国，体育心酸了。地大物博人不少，无缘奥运金牌杳。

金凤腾飞华夏傲，半百金牌，压倒花旗佬。举世腾欢狮醒了，中国崛起天方晓。

---

[1] 获2008年和谐文化之旅全国诗词散文大赛二等奖并入选获奖作品集。2007年4月，丹东一于姓富翁还乡，出资2000万元建了54栋小别墅，送给老邻居。

[2] 2011年3月11日发表于《贵大吟苑》，《中华诗词大辞典》收录。

[3] 《建国六十周年中华诗词国庆献礼》收录。

满江红·贺新中国六十华诞

一

玉液金樽，迎华诞，追述岁月。清政府，主权丧尽，列强割裂。大好河山狼虎宰，黄金银币人民血。圆明园，遗址恨八国，精英切。

百年耻，仇已雪。三山倒，蒋帮灭。九州开放富，澳港归悦。经济腾飞超日寇，嫦娥天上频探月。大中华，崛起耀东方，江山铁。

二

争食列强，索地款，如狼似虎。当道腐，内乱纷起，人民重负。革命漫长华夏苦，三山推倒疑无措。左右摆，烈士血换来，改革路。

国门敞，开放路。包到户，特区布。引来八方客，双赢互补。城市农村红似火，高楼大厦神州富。告先烈，崛起大中华，小康度。

水调歌头·二〇〇八年中国纪实

罕见雪灾降，凌虐起疯狂。路封电断停水，党救万人帮，特大汶川地震，涂炭生灵凄惨，满目泪悲伤。举国九州爱，大爱变琼浆。

迎奥运，全民动，五洲扬。金牌榜首，中华崛起志高昂。神七飞天揽月，两岸双赢并进，游子盼通航。金融危机闹，赤县谱华章。

卷二／世纪风云

纪念抗日战争胜利七十周年（二首）

其一

武汉大学赏樱花有赋

蜂舞蝶飞四月天，樱花种在甲午年。
东瀛胆大蛇吞象，半壁河山狼占完。
鬼子夜袭珍珠港，美国投弹广岛残。
虎根难改吃人性，狼狈为奸又举幡。

其二

读《贵州大学松桃诗社二〇一五年纪念戴安澜将军诗稿》有赋

义愤填膺诗作箭，东瀛难卸罪滔天。
堆堆白骨胜雄辩，片片孤坟证若山。
华夏捐躯数百万，冤魂讨债几十年。
行间字里骚人泪，悼念岂容战史翻。

怒 吼

四海横行施垄断，五洲作怪鼓妖风。
野心亚太向中国，怂动喽啰策反攻。
谁敢杖权窜青史，誓夺宝岛控元凶。
百年耻辱今朝算，旧恨新仇一并清。

武大樱花，须衬老楼，方显其美。抗战时期，日军华中派遣军司令部占据武汉大学时所植。樱花无罪，美丽的背后是不能忘却的民族沧桑。
（长孙知劼摄）

军火过剩挑战祸

你南我北似参商，隔海隔山称霸王。
攫取石油亚太转，包围华夏战争狂。
萨德部署拉韩日，策动台湾反老娘。
军火过多挑战祸，同舟共济防豺狼。

睹圆明园废墟愤作[1]

残梁断柱埋遗恨，俯首废墟怒火焚。
万里八魔狼虎至，九州百载豆瓜分。
江山破烂离人泪，文物掠夺华夏魂。
不忘殖民屈辱耻，要求国富快强军。

参观野生动物园感赋[2]

霸权老虎孪兄弟，动界人间两阎王。
生化三番查无证，为啥疑犯赴刑场。
公鸡报晓罪何有，虎豹呲牙泪几行。
弱肉强食霸主理，兵强民富建国纲。

[1] 2013年3月25日发表于《贵大吟苑》。

[2] 获2008和谐文化之旅全国诗词散文大赛二等奖并入选获奖作品集。

霸权主义五洲忧

战乱根源细探由，霸权制造五洲殴。
萨达姆死含冤去，利比卡扎盈泪流。
亚太围华挑战祸，离间分裂自成仇。
当今世界理何在？巩固国防占鳌头。

读《石壕吏》有感于国民党抓壮丁[1]

内战不休祸害民，蒋家兵败夜逮人。
一男染毒无青壮，二妇谋生半夜奔。
抓去老爸吸骨髓，无钱赎父幼从军。
抓兵用尽刀叉棒，剁指伤残血海深。

陈水扁被收押

昔日“总统”气若牛，今朝囚犯苦当头。
一双镣铐脏手戴，两个警察脱裤搜。
抓住头发张嘴看，半蹲抬臂把头勾。
收押尴尬恼羞怒，牢内绝食人品丢。

[1] 父亲体弱多病，国民党乡政府抓壮丁仍将他抓去，母亲只好让未成年的二哥顶替父亲当兵。

愤讨日寇[1]

作恶多端罪满川，一双魔爪血斑斑。
狼心妄占钓鱼岛，旧恨新仇齐讨还。

南北朝鲜形势紧张有赋[2]

世界如今手足倾，不休内战霸权乘。
同心捕尽横行蟹，无霸无争享太平。

痛惜大学四年韶光[3]

一

四载韶光随水流，谁知寒士几多愁。
书声朗朗还含泪，学子莘莘怕暗谋。
正道红专反丢帽，捕风捉影害人由。
助学调干金难领，经济不宽苦作舟。

二

水流花落去无还，枉对空山诉逝川。
大炼土钢头脑胀，浮夸虚报品行残。
四年误月迟吟赋，岁月蹉跎梦不圆。
碧海孤舟何处岸，改革开放挽狂澜。

---

[1] 2013年6月17日发表于《贵大吟苑》，入选纪念抗日战争暨世界反法西斯战争胜利70周年作品展。

[2] 作于2010年11月。

[3] 读大学的时间为1957年–1961年。

上：1957 年至 1961 年，就读于贵阳师范学院（今贵州师范大学）。
下：1958 年春，于贵阳师范学院校门。

十年浩劫怎能忘[1]

乌云滚滚九州来，降祸人间百姓哀。
打倒人人鸡有罪，无根生有狗无才。
游街示众圣贤辱，撕毁宪法官吏挨。
可贵韶光十载逝，人民难忘劫余灾。

六十年不遇的秋老虎[2]

指望立秋爽爽凉，哪知秋虎更猖狂。
高温不雨河流断，地裂井干禾叶黄。
万里火烧梁稻死，千家缺水水牛亡。
雨神不解民间苦，振作精神自救忙。

洪范同志

百年魔鬼舞蹁跹，父母弟兄离故园[3]。
太盛牢骚成右派，抛妻别子放乡间。
三十五载娘儿聚，老母抱儿泪雨潸。
耄耋之年留大爱，振兴华夏孝难全[4]。

---

[1] “文革”期间，任湄潭三中校长。

[2] 60年不遇的秋旱发生在2011年。

[3] 解放前，洪范同志的母亲去美国定居。

[4] 1956年，洪范被打成右派。35年后，他访美，含泪婉拒了老母要他留美的要求。

失地

瘟疫猖狂离故园[1]，汗流寒暑银当田。

飙升物价金圆贬，几匹薄绢田土完[2]。

沁园春·圆中国梦

开放改革，华夏复兴，魑魅恐慌。犯东边夺岛，侵南鬼跳。希拉游说，挖脚拆墙。经济腾飞，泥沙混下，腐败贪污蝇虎狂。乌云滚，百年英烈血，唤我兴邦。

今鸿鹄志高昂，惩腐恶零容忍妙方。党政军齐下，东西南北，恢恢法网，内外铜墙。科技兴国，航天揽月，同步腾飞奔小康。中国梦，万民同心干，华夏繁昌。

[1] 清末，瘟疫肆虐，祖上从四川资州阳县避难到贵州遵义。

[2] 民国末期，金圆券贬值，家里用银子当的三十多亩田土被王姓地主仗势用金圆券换回，这些金圆券当时只能买几匹布。

1961 年 8 月 15 日，共青团贵阳师范学院（今贵州师范大学）历史系 57 级支部毕业留影。

系57级支部毕业留影
八月十五日
育与生产劳动相

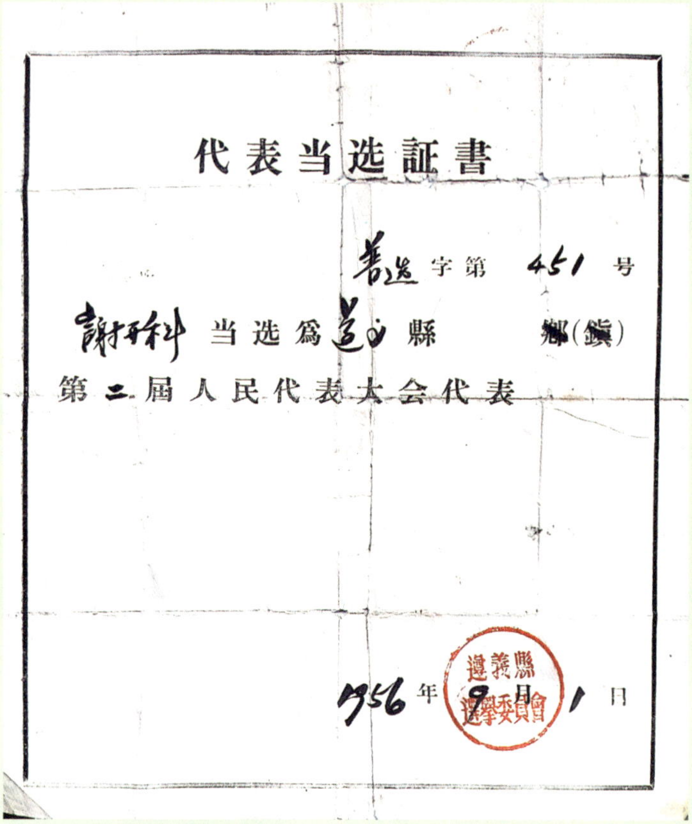
代表当选証書

普选字第 451 号

谢开科 当选爲遵义縣　　鄉(鎮)

第二届人民代表大会代表

1956年9月1日

遵義縣選舉委員會

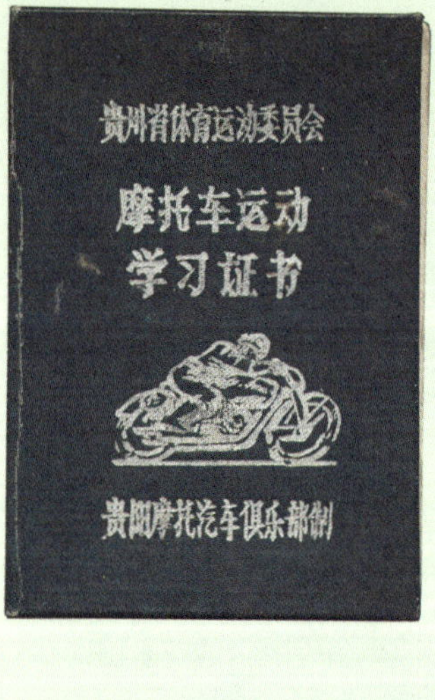

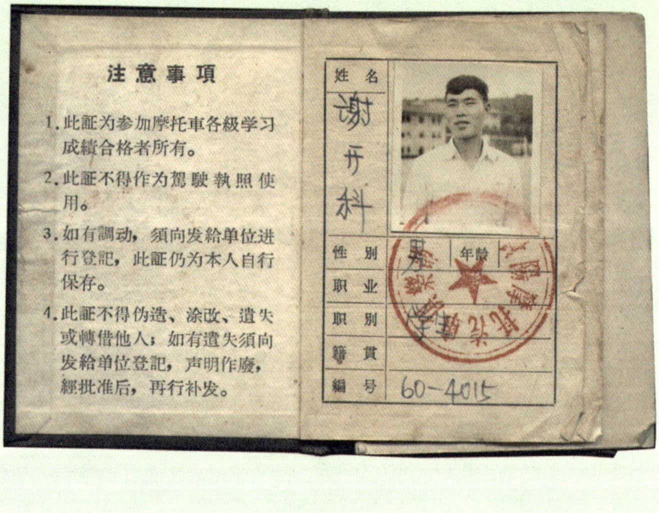
注意事項

1. 此証为参加摩托車各级学习成績合格者所有。
2. 此証不得作为駕駛執照使用。
3. 如有調动，須向发給单位进行登記，此証仍为本人自行保存。
4. 此証不得伪造、涂改、遺失或轉借他人；如有遺失須向发給单位登記，声明作廢，經批准后，再行补发。

姓名	谢开科
性别	男　年龄
职业	
职别	
籍貫	
編号	60-4015

上：1956 年 9 月 1 日，当选遵义县第二届人民代表大会代表。
下：1960 年，贵州省体育运动委员会颁发的《摩托车运动学习证书》。时就读于贵阳师范学院（今贵州师范大学）。

卷三／七彩人生

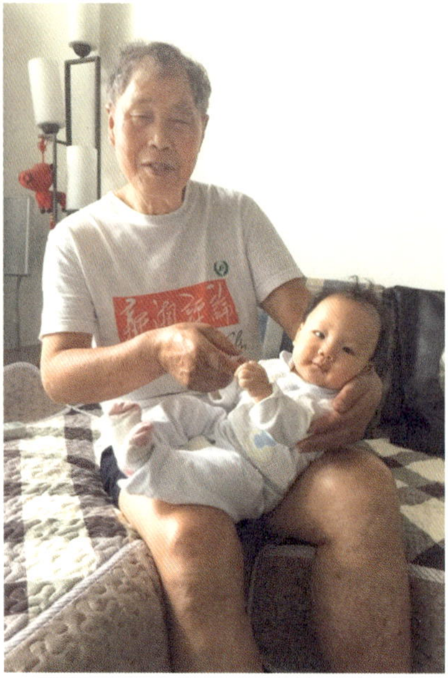

含饴弄孙，其乐融融。

生日感怀[1]

栉风沐雨度春秋，岁月催人情不留。
极目窗寒湘水涌，投身教育左风稠。
丹心碧血为初梦，矢志不移苦放舟。
盛世逍遥书作伴，吟诗作对庆丰收。

健体养生乐

耳目聪明心不衰，任他岁月逼人来。
浇花养性美环境，作对吟诗淡利财。
锻炼强身抒壮志，登山健体敞胸怀。
不求一世黄金屋，但愿半生笑口开。

知　足

淡饭粗茶也养人，魄强体健保青春。
无求财富年千万，但愿丰衣余万金。
百姓庶民投羡慕，赃官显贵存鄙心。
小康社会全民享，盛世余年酒满樽。

[1]　2010年9月6日发表于《贵大吟苑》。

晚年生活

晚年盛世心舒畅，万事糊涂不认真。
白絮寒冬球为伴，骄阳盛夏泳强身。
太极慢运荡心肺，柔力回旋动骨筋。
须有半生风雨事，幸得岁晚又逢春。

晨 练[1]

一

蓊郁林荫笑语喧，妪翁晨练乐陶然。
寒光闪闪太极剑，热气盈盈华夏拳。
柔力[2]滚翻龙吐玉，羽球飞跃燕回还。
横生乐趣玩兼练，心旷神怡寿南山。

二

星沉海底月含窗，未起炊烟鸟睡香。
生物钟催人伴月，羽毛球友笑声扬。

[1] 2005年12月26日发表于《贵大吟苑》，贵州大学校园诗词选《溪山畅咏》《贵大吟苑诗词选》收录。

[2] 柔力：柔力球。

上：晨练舞剑，于贵州大学。
下：2000 年 4 月，携岱青、知劼参加在修文县举办的贵阳市羽毛球运动会。

八秩高龄仍挥汗羽场。

参加二〇一六年全国中老年羽毛球邀请赛有赋

羽球比赛福州来，老凤精英大舞台。
小伙五旬技术妙，雪翁八五锦中才。
吊球滚网猴玩树，变线技高虎耍豺。
贵在健身舒壮志，无须奖状洗尘埃。

日　记[1]

已惯闻鸡便起床，羽毛球罢进书房。
阶前鸟语随人语，案上兰香伴墨香。
万里晴空游泳乐，一江绿水钓鱼忙。
亲朋好友来相会，北地南天话短长。

冬　泳

卷地北风面似割，狐裘不暖锦衾薄。
妪翁哥妹下河去，仰泳蝶蛙花样多。
瀑布银帘恣意戏，阿婆对唱布依歌。
清新空气疲劳散，舒畅心情百病缩。

[1] 2008年10月13日发表于《贵大吟苑》，《贵大吟苑诗词选》收录。

童年趣事[1]

赠友求诗写对联，对联早就墨吹干。
学生久等饥肠断，师傅不回愁满颜。
寒士少年不怕唬，“天作之合”横批添。
一生难忘童年事，羞涩囊空办事难。

参加贵州老年大学书法点评有赋

挥毫泼墨洒江天，龙凤齐鸣会柳园。
同聚河滨抒壮志，苦学先辈勇登攀。
喜逢盛世阳光灿，珍爱良师雨露涵。
一世修来共挽手，半生结义觅书缘。

答友人

若问健康何窍门，说来平淡亦新闻。
多情儿女孝心好，全面荤素营养匀。
锻炼欢心成乐趣，勤学益脑杜贫魂。
淡薄名利习书画，作曲吟诗送友人。

---

[1] 10岁时读小学三年级，亲戚结婚，去请语文老师写一副对联，老师把上下联写好未写横批就出去了。久等不回，一气之下自己提起毛笔写了横批“天作之合”便走了。

忆少年[1]

少年贫困好心酸，残月疏星照影单。
歧路茫然谁过问，难筹学费自登攀。
麻鞋不改英雄志，钢钻难摧学子坚。
为忍饥寒研墨海，要学先辈救江山。

升学叹

梦想初中喜泪流，无钱缴费又成愁。
务农为本贫如洗，小贩营生风雨楼。
鸦片败家柴米尽，霸权夺地土田丢。
人生起步路难走，红日[2]东升苦作舟。

忆年华

锦瑟年华愁梦圆，个中心事与谁言。
春归风雨常飘瓦，雾里楼台总是烟。
唯有书山明远路，岂凭翰墨乐天年。
家兴百径赖科技，酬志一生苦里甜。

---

[1] 1949年，小学毕业为无学费升初中而苦恼。明月当空，曾与小朋友在月光下追忆和向往中山革命，并自取号名治能。

[2] 红日：指1949年解放。

1958 年 8 月 26 日，贵阳师范学院（今贵州师范大学）修建阿哈水库义务劳动大队五中队先进小队合影。

忆高考岁月

大学常梦在天涯，一亩荒田种奇葩。
为备黉门赊月色，还赊节假种心花。
柴扉鸡叫星吟赋，野径虫鸣鸟作答。
一纸通知酬壮志[1]，春风送我好年华。

忆儿子大学毕业分配[2]

自幼埋头书海遨，而今分配比官高。
贪财不举庶民子，无礼衙门设坎刁。
爱玉高朋访陋室，惜才名士荐驹骁。
喜逢伯乐识良马，振翅扶摇上九霄。

听孙女岱青弹钢琴有赋[3]

花开一朵傲群芳，圆梦征程路漫长。
暮暮朝朝琴为伴，风风雨雨热加凉。
抑扬顿挫抒心志，天籁泉音润暖肠。
门外公婆如酒醉，母亲备菜喜犹狂。

[1] 1957年，喜得高考录取通知书。

[2] 作于1991年。儿子谢念大学毕业成绩名列全班第一。

[3] 长孙女张岱青钢琴已过业余十级。

赠长孙知劼[1]

一

谁加五日苦，又压两天辛。

户户难减压，家家尽伤神。

爷爷急似火，奶奶起星辰。

学子善人意，同心磨杵针。

二

杵可成针磨不休，坚石也怕水长流。

披灯尽日恒心在，敢叫泰山也低头。

孙女高声远考试成绩大满贯有赋[2]

翰墨飘香越万山，明珠黄浦更斑斓。

披星戴月游书海，壮志凌云遨九天。

勤为本

月明皓皓镜中花，梦幻现实总有差。

只想天空掉大饼，不思汗水种庄稼。

辛劳致富济千户，懒惰饥肠乞万家。

国富家兴勤为本，卧薪尝胆振中华。

---

[1] 作于2011年4月4日。长孙谢知劼中小学学习辛苦，特赠以为勉励。

[2] 小孙女高声远在上海外国语小学四年级学年考试中，语文、数学、外语均获满分。

观人潮有感

倚栏注目赏人流，蚁阵潮车一眼收。
谋利谋名忙奔走，有忧有乐看眉头。
容颜无为愁难锁，得意神飞款步悠。
起落人生凭智慧，顺风逆境细回眸。

电话闻悉诸多老友身体欠佳有赋

书山有路寒窗苦，宦海无涯风雨多。
工作勤劳防冷箭，薄薪糊口少鸡鹅。
爹妈尽孝紧腰带，儿女关心莫奈何。
开放改革富裕路，过多营养病魔着。
两人哮喘咳声惨，四个空巢岁月蹉。
所喜鄙人身体健，羽球相伴奋登坡。
管鲍常惦知交谊，夜战挑灯共舞戈。
久别黉门诸事困，隔山隔海梦一箩。

打工人的梦

背井离乡文化少，缩衣节食雨风刮。
一肩挑起家庭梦，万户装修昼夜爬。
手捧砖头迎晓露，身扛彩电沐朝霞。
顶星戴月筹学费，唯恐无知像老爸。

大学临别。

欢乐的农民工

心情舒畅唱朝阳，上下高楼望故乡。
学费千年今日免，皇粮万代昨天亡。
爹妈生病参医保，儿子中餐有食堂。
工厂离家三里地，老婆催我手机忙。

翁妪游花溪公园

柳径林荫共赏春，古装古色布衣裙。
原声歌舞传诗味，笑语欢声带布音。
妙趣横生夸美景，含情不露显斯文。
紧跟摄像频挥手，时髦告别学外宾。

村姑游花溪公园[1]

青山绿水草茵茵，对对村姑杨柳身。
蓝裤白衣桥上过，布鞋花伞水中人。
身材窈窕天然美，古朴无华本地民。
盛世农村多别墅，旅游喜爱弄瑶琴。

[1] 获2008和谐文化之旅全国诗词散文大赛二等奖并入选获奖作品集。

贵阳世纪城观后[1]

世纪城头楼宇新，重来惊现遇芳春。
中央标志明珠塔，园外蓝天商业群。
漫步花馨青草地，坐观明镜水中人。
神州贫富反差大，甘露何时惠庶民。

教师节抒怀[2]

照亮别人酬壮志，燃烧自己泪流干。
丹心育种禾苗壮，碧血浇花硕果妍。
桃李九州传捷报，奇葩千里灿烟寰。
举国上下尊师长，社会和谐春满园。

书　房[3]

书山相伴指航向，桌上青灯送我光。
照亮桑榆游墨海，指明拙笔谱华章。
吟诗作对送亲友，度势审时鞭霸王。
都道花溪风景好，孰知斋内有芬芳。

---

[1] 长女谢萍家居贵阳世纪城龙禧苑。

[2] 2009年9月7日发表于《贵大吟苑》。

[3] 《影响当代中国的新千家诗》收录。

2017 年 7 月，于贵阳长女谢萍书房。

圆梦并赠诗友

三尺讲台才下鞍，兰亭圣教又耕田。
良师载月献甘露，益友披星望梦圆。

理发遐想

理发思少年，家寒为省钱。
母亲勇敢上，刀钝泪潸然。

忆小女儿谢毅垂钓[1]

考闲池畔乐悠悠，绿水青山鱼自由。
文弱书生施钓饵，一竿钓走几家愁。

自　乐[2]

无争无怨自无愁，三世同堂笑满楼。
敢向人间夸富贵，诗书半壁任遨游。

[1] 1993年高考后，小女谢毅与朋友在贵州大学荷花池畔闲游，看见满池金鱼，回家自制钓竿接连钓起几条，之后，诸事皆顺。特赋此诗。

[2] 《松风诗选》《第四届贵州"福彩杯"老年文化艺术节书法绘画摄影诗词楹联展作品集》收录。

无 题

少小寒窗苦作舟，老来圆梦喜心头。
春风得意无忧患，舞剑吟诗志未休。

随 感

秋风黄叶地，明月挂林梢。
数朵昙花放，一池桂花香。

挚 友

退休离任少浮华，尊贵杳然天地差。
喜鹊唯独无势利，新巢依旧筑寒家。

感 怀[1]

斗室书山任自由，经冬立夏度春秋。
人情差处诗情润，囊空羞涩翰墨酬。

[1] 发表于《晚晴》2014年第2期，2014年1月12日发表于《贵大吟苑》。

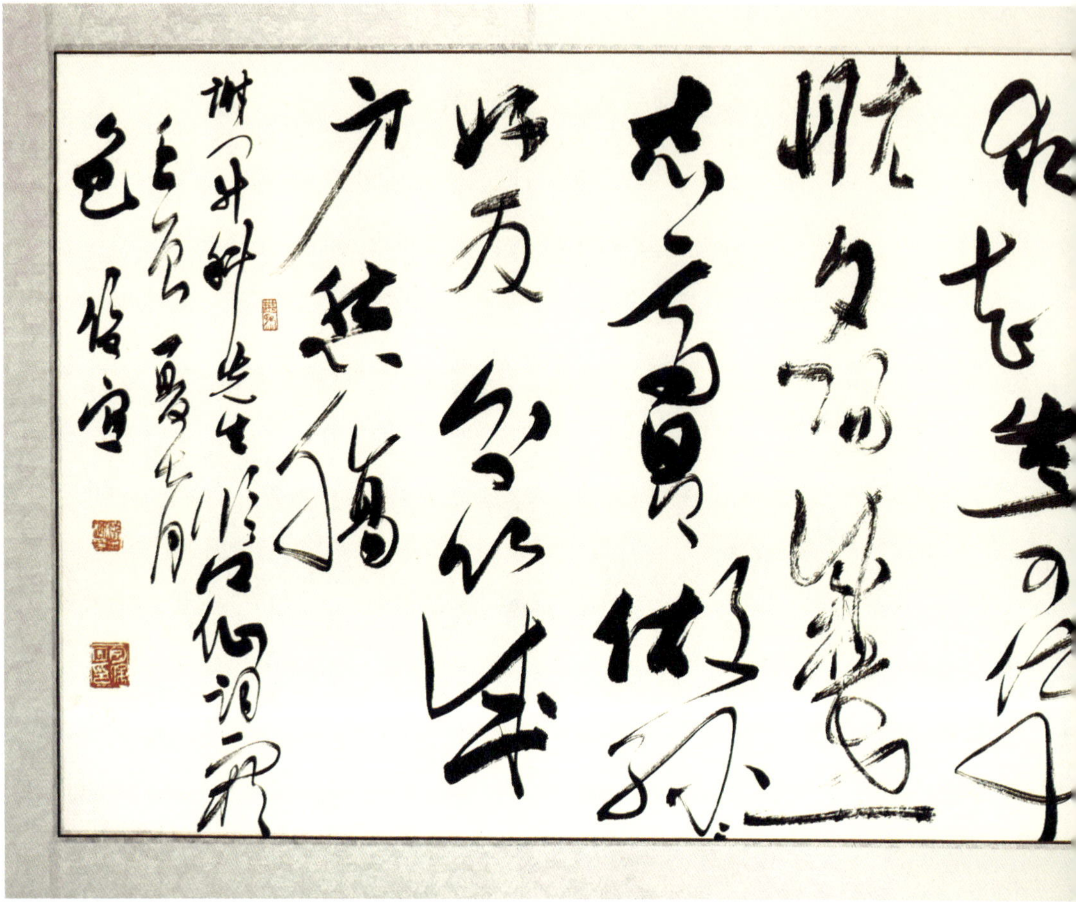

中国书法家协会副主席包俊宜先生题《临江仙·快乐人生》。

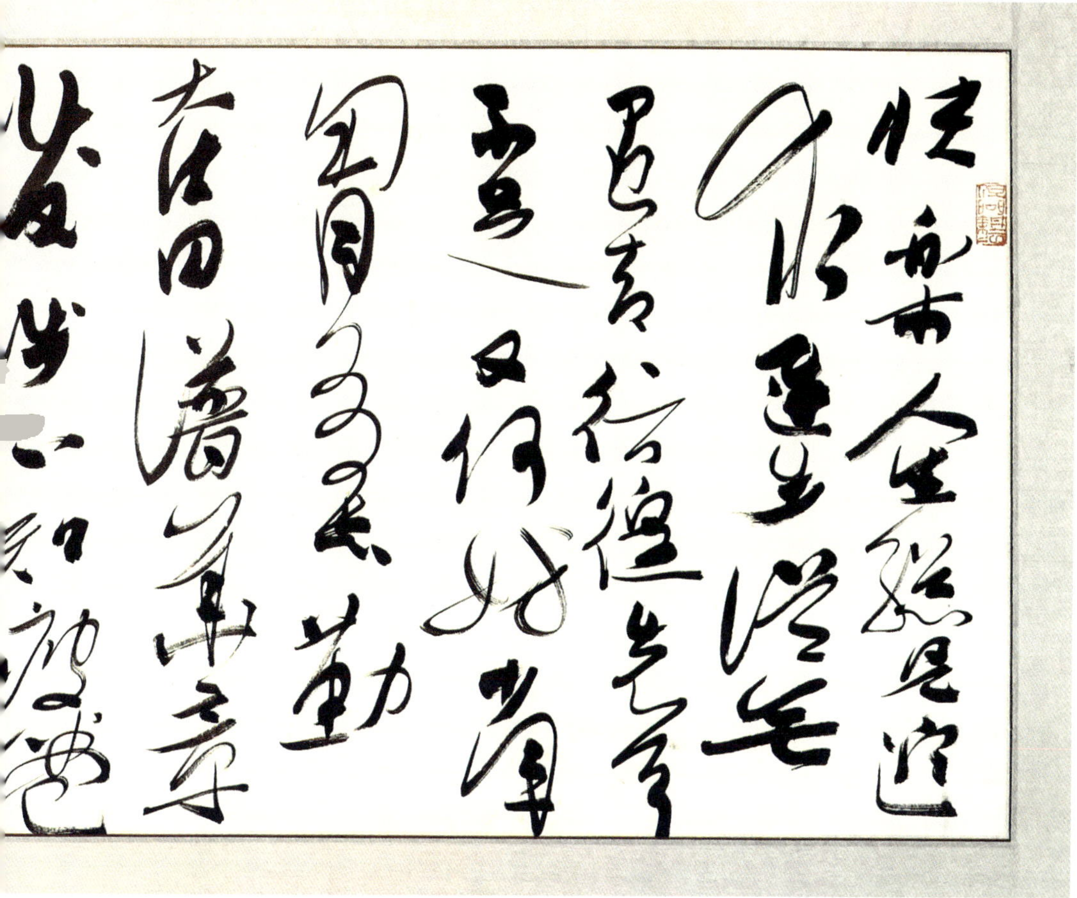

喜鹊在寒舍阳台孵雏哺幼[1]

双飞比翼捕虫欢，黄口争张头向天。
惟恐粗疏惊哺幼，帘掀一缝赏心欢。

临江仙·快乐人生[2]

总是追求进步，从无退却彷徨。先天不足又何妨。少年胸有志，勤奋谱华章。

跋涉不知疲倦，求知岂可停航。夕阳盛世志高昂。做孙孙好友，分几户愁肠。

鹧鸪天·搬家感赋

搬进高楼心喜欢，家家羡慕百花园。风霜雨雪空调暖，桃李芬芳花果园。

开放好，忆从前，当年生活太艰难。暴风掀瓦无干处，忍忆妻儿洪水淹。

---

[1] 发表于《贵州诗词》2007年第6期，2014年12月13日发表于《贵大吟苑》，《贵大吟苑诗词选》收录。

[2] 发表于《晚晴》2008年第6期，2008年3月31日发表于《贵大吟苑》，《中华诗词大辞典》收录。

卷四 老骥情怀

个人诗词集付梓有赋

壮岁别离志尚存，疏才偏爱扮骚人。
书山老骥追星月，艺苑新词学李辛。
回忆平生吟往事，畅游世界觅新音。
脱胎春笋初发节，朋友助吾不染尘。

颂　月

万年不倦亦无声，洒向人间都是情。
缺处含羞着歉意，圆时带笑满盈庭。
光华从未分贫富，辛苦何曾计利名。
但愿人心皆似月，天涯海角一轮明。

秋夜赏昙花[1]

金风送爽桂菊香，绮丽昙花映月光。
月色铺昙昙更妩，花枝弄月月犹狂。
可怜子夜昙凋谢，最爱浓云月躲藏。
苦短人生当奋起，莫学浮艳霎时芳。

[1] 2005年12月26日发表于《贵大吟苑》，《中华诗词大辞典》《影响当代中国的新千家诗》、贵州大学校园诗词选《溪山畅咏》收录。

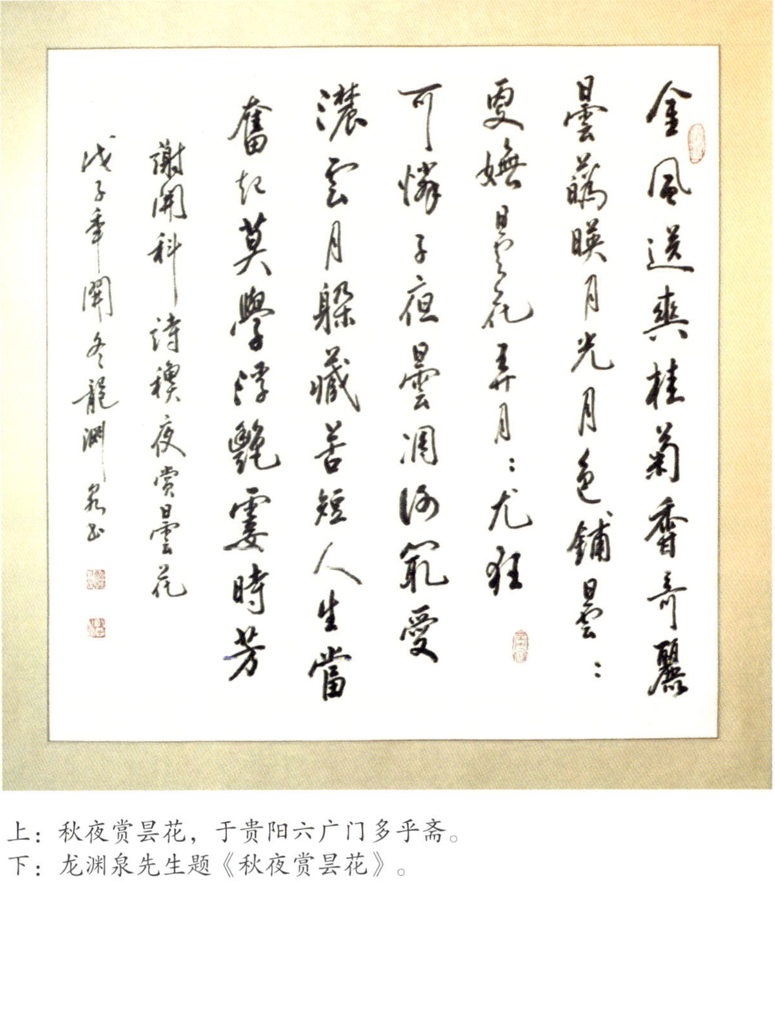

上：秋夜赏昙花，于贵阳六广门多乎斋。
下：龙渊泉先生题《秋夜赏昙花》。

国酒茅台

赤河银水吐清香，玉液琼浆名远扬。
盏盏招来云外客，杯杯倾倒月宫郎。
九州盛赞贵山美，世界高歌华夏芳。
浓郁醇和高粱味，绵甜爽口酒中王。

肥胖儿[1]

经济繁荣迈小康，千家万户有“小皇”。
家庭赛过小超市，“保姆”常熬大补汤。
鱼肉鸡鸭皆喂够，水果蔬菜不思尝。
蹒跚步履身肥胖，始悔当初教无方。

知足常乐

同居贫富意平和，饱暖饥寒各自活。
薪水不和老干比，生活常想苦山窝。
海参鱼肉养身体，淡饭粗茶少病魔。
欲壑难填酿苦果，知足常乐奋登坡。

[1] 发表于《贵州诗词》2007年第6期，《中华诗词大辞典》、贵州大学校园诗词选《溪山畅咏》收录。

随感

久经风雨路茫茫，墨海无涯两鬓苍。
看透人间名与利，想通世事热和凉。
诗词歌赋朝夕伴，书画琴棋冷热尝。
有幸暮年身犹健，喜逢盛世谱辉煌。

书斋

晚景未全贫，小康书架春。
吟橱老屋满，绘画新斋陈。
短做仄平梦，长留行草痕。
此缘能永久，何畏有艰辛。

书房随笔

架上新书叠老书，诗词书画古今读。
羽朋几个愁何在，游泳强身病少磨。
两手清风不怕盗，一窗明月绘蓝图。
关心儿女常思进，引导孙孙奔远途。

秋 感[1]

凉意随风至，满庭香气来。
院中黄叶地，窗下桂花开。
孙子惊进步，桑榆貌不衰。
家风传万代，勤奋出良才。

梦

好梦一生并不多，梦无邪念自超脱。
心中旧事理还乱，梦里是非谁与说。
老母牵肠儿做梦，客居游子泪成河。
难圆美梦任他去，盛世武陵快舞戈。

贵州大学孔子像前忆童年

叠翠浓荫孔像前，贵山书院忆童年。
小学处处尊师长，社会家家敬祖先。
端午游山包粽子，中秋赏月乐团圆。
除夕鞭炮声声响，友谊亲情紧紧连。

[1] 2009年12月21日发表于《贵大吟苑》，《中华诗词大辞典》收录。

人生感悟

一[1]

人世途长也不长，朝霞转瞬是夕阳。
为人不作亏心事，离任休嫌茶水凉。
功过是非如逝水，声名利禄似糟糠。
云烟过眼觅无处，时有余诗入咏囊。

二

碌碌一生万事忙，六十不误老年芳。
鉴惊鬓雪人将老，社结诗缘梦犹狂。
读典论经多忘记，笔秃墨淡暗神伤。
忽然好句潜酣梦，展纸挥毫快入囊。

退休后又习诗书画有感

茅舍悠悠秋色深，孤灯敲韵晓星沉。
骚吟才解悬梁锁，书苑又操刺股针。
每恨月沉闻报晓，常嫌邻友话闲音。
桑榆晚景诗词伴，乐趣无穷可养身。

---

[1] 2011年3月14日发表于《贵大吟苑》，《贵大吟苑诗词选》收录。

上：2015 年 4 月，于贵阳六广门多乎斋。
下：手绘《荔枝图》。

故乡风物

游子于今两鬓苍，故乡风物倍牵肠。
小学祭孔牛羊宰，端午下湖蒲艾芳。
约友呼亲野菌采，随心手捧清泉尝。
童年趣事长追忆，蛙叫几声入梦乡。

述 怀

一

尘世耕耘几秩春，不求虚幻只求真。
循规蹈矩随天意，克己奉公留赤心。
岂让烟云遮望眼，更凭锻炼长精神。
浮沉烦恼随他去，翰墨潜心铸玉魂。

二

退休卸任画词钟，荏苒光阴秋与冬。
诗稿已逾五百纸，难关尚有九千重。
仄平牢记身虽苦，对仗推敲句未工。
莫待微瑕诗里恨，孤灯拙笔宋唐中。

昙花于无人在家时开放感赋

阳台个个种昙花，访友走亲忘记她。
苑树不知人尽去，秋来照放旧时花。
芳香满舍无人赏，门缝溢出香万家。
默默无闻心血洒，孜孜不倦献奇葩。

袋鼠自述[1]

敢骂苍天心不平，参差四脚路难行。
开屏孔雀金光闪，鹦鹉学舌童子声。
老虎全身都是宝，熊猫可爱五洲迎。
唯吾负重跳着走，医保无缘谁同情。

春日与长孙知劼登山

纡回芳草路，步步赏青葱。
树上花含笑，林间鸟唱歌。
河滩十里秀，别墅半湾河。
开放三十载，人民好处多。

[1] 获2008和谐文化之旅全国诗词散文大赛二等奖并入选获奖作品集。

2016 年 10 月，与小女谢毅一家游浙江天台山。

与孙孙在一起的时候

问暖嘘寒隔代亲，骚人厨下把诗吟。
锅瓢齐奏和谐曲，刀俎快如催饭音。
细火炖鸡能健体，天麻补脑可增分。
登山助我攀高处，过路搀吾要小心。

孙女顺顺两月赠诗[1]

喜鹊欢歌顺顺生，桃红柳绿暖风迎。
浓眉大眼神情俊，美耳丰腮气韵灵。
父母奶爷开口笑，公婆姑舅赞新星。
夕阳盛世人才旺，野老挥拍力量增。

眼儿媚·为幼孙冠磊周岁赠词[2]

五月春风百花娇，冠磊貌潇潇。疏发丰脑，身材苗条，学子风骚。
机灵喜爱芬芳苑，欢乐似驹骁。爸妈呼喊，蹒跚习步，其乐陶陶。

[1] 作于2006年。顺顺系小孙女高声远小名。

[2] 作于2016年5月10日。

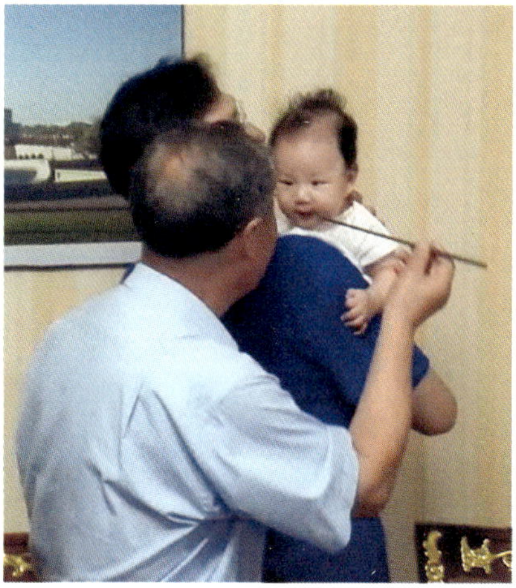

2015 年、2016 年，与幼孙冠磊。

重阳怀远[1]

转瞬一年又重九，开轩独坐忆情长。
唯牵遥子丝一缕，独坐担心泪几行。
少小求学去上海，寒窗酷暑想爹娘。
且将挥手别离句，快寄他乡暖肺肠。

农村新貌[2]

风吹百卉满街香，道路平直柳絮扬。
几问谢家何处走，东边超市卖车行。
家家户户新房住，暮暮朝朝电话忙。
不见三轮的士旺，城乡并进共康庄。

新楼赋

光阴易逝四春秋，小女新迁香榭楼。
坐落明珠黄浦畔，屋王高耸彩云稠。
周边证券风云涌，四海富商智慧谋。
南北通光空气好，东西明月树梢头。
林荫小径百花艳，鸟语蝶飞泉水流。
孙女闻声双脚跃，手拉衣袖问来由。

---

[1] 作于1994年。

[2] 作于1998年。

志贺谭炳灿老师七十华诞

欣逢盛世度春秋，桃李遐龄霜满头。
坦荡胸怀心永乐，从容岁月自无忧。
黉门泼墨甘泉涌，柳苑点评妙语稠。
茹苦园丁春正好，期颐应许最高楼。

静脉曲张住贵医附院手术有赋 [1]

开刀畏惧脑昏晕，一进杏林满目春。
病友争先歌妙手，白衣恐后结同心。
思星[2]喜谱和谐曲，团队齐弹时代琴。
盛世白求恩洒爱，沉疴顿愈乐终身。

雨中赏荷 [3]

荷塘朝雾溢清香，小聚水乡吟兴长。
细雨丝丝凝翠盖，凉风习习入诗囊。
一身玉骨泥难染，万朵红霞池放光。
自古赏荷多自勉，清白做事育芬芳。

[1] 作于2013年，2015年3月16日发表于《贵大吟苑》。

[2] 思星：马思星，贵州医科大学附属医院血外科主任。

[3] 2014年9月22日发表于《贵大吟苑》。

上：2014 年夏，于花溪十里河滩赏荷。
下：2016 年 10 月，于贵安新区云漫湖。

过湄潭三中与校领导幸会有寄[1]

阔别四十梦半河，她颜已改我蹉跎。
韶光十载湄潭度，热血三中正气歌。
夕照余晖思不尽，沧桑故事奋登坡。
今朝且喜黉门会，明日同心共舞戈。

忆湄潭三中从教岁月[2]

凤湄交界马头山，几栋危房风雨穿。
万水千山学子聚，九州四海教师贤[3]。
寒窗夜夜披星斗，明月时时为我圆。
茹苦园丁热血洒，芬芳桃李凯歌还[4]。

湄潭三中新面貌[5]

惊见黉门满目春，危房无影感诗魂。
塑胶跑道强身体，靓丽寒窗育贵人。
重教尊师风气好，从严治校百花馨。
师生盛世为圆梦，戴月披星含苦辛。

---

[1] 作于2014年7月31日。

[2] 在湄潭三中从教时间为1965年-1974年。

[3] 1965年-1974年，时任湄潭三中校长，三中师资很强，90%是本科毕业生，包括华东师范大学、华东体育学院等重点大学毕业生。

[4] 湄潭三中虽是乡镇中学，毕业生在社会上却颇有声誉，现有贵州大学营养学教授杨正德、昆明军区副师职干部及皮肤科医学专家朱俊昌，还有深圳的企业家等。

[1] 作于2014年。

1965 年 –1974 年，湄潭三中岁月。

仕明懋坤于沪游玩特赋此诗[1]

人生难得开心玩，上海贵阳路几千。
多彩游船黄浦览，五洲留影世博园。
国庆焰火同声赞，四季公园已忘年。
三个星期共餐饮，二十余日乐陶然。
孙孙一个怀中戏，翁妪三家梦里甜。
待到来年花似锦，筑城又聚再开颜。

车行览景

青山绿水好还乡，四月春风剪翠桑。
坡上杜鹃红似火，路边油菜闪金光。
茶园遍岭发新嘴，水果盈枝扑鼻香。
高速行车风送爽，农村处处隐洋房。

寒　舍

青山碧水是家园，桃李芳菲映护栏。
草色青青花烂漫，书声朗朗树遮檐。
雀巢筑在阳台上，小鸟围飞人面前。
盛世闲吟滋味永，桃源翁妪忘余年。

[1]　2010年，正值上海世界博览会举办。

2017 年 8 月，时隔 50 余年，携子将孙再回湄潭一中。当年在此任教与妻子殷玉琨喜结连理。

全球避暑贵州冠[1]

地球变暖汗盈衫，遍找林荫避暑园。

人道贵州空调省，众观风景武陵源。

宜人气候居家爽，有韵侗歌乐满颜。

春夏秋冬游客满，乡村美丽百花妍。

二〇一二年冬春持续低温有作[2]

寒风冻雨雪花稠，数月无晴百姓忧。

冷坏明棚千亩菜，冻僵农户万头牛。

冰凌路上难行进，凛冽农家不可留。

冷暖何时由我控，风调雨顺庆丰收。

寒意抒怀

今岁低温百载鲜，环球处处雪封天。

苍松难对严冬冷，瑞雪却能粱稻添。

摧毁参天风景树，人雕冰甸赏心玩。

世间万物总参半，素裹银妆乐似仙。

[1] 获2008和谐文化之旅全国诗词散文大赛二等奖并入选获奖作品集。

[2] 2012年9月3日发表于《贵大吟苑》。

左：1997 年 3 月，于贵州大学校园赏樱花。
右：2018 年 3 月，携幼孙冠磊赏贵安新区樱花。

贵州大学校园有赋

游遍神州回故乡，蓬莱仙景郁苍苍。
参天滴翠梧桐树，蔽地遮阳菊桂香。
凤舞鸾鸣声朗朗，蜂依蝶恋影忙忙。
花溪河水明如镜，孔府学堂儒学光。

送小孙女声远上学观校训有赋[1]

仰观校训梦成真，俯视爱生磨杵针。
贤友良师滋雨露，端方正直染无尘。
博学物理随天意，世界通达听好音。
五载韶光一瞬过，百年牢记启蒙恩。

观“多彩贵州”亚洲盛装时尚大典[2]

万花争艳吐芬芳，百态英姿展盛装。
多彩贵州披锦绣，神奇山水蕴琳琅。
凉风爽爽轻歌漾，热浪滔滔侗鼓扬。
收入年年翻倍涨，小康户户谱华章。

---

[1] 小孙女高声远就读的上海福山正大外国语小学校训为：“贤良正大、博物通达。”

[2] 发表于《花溪诗词》第4辑。

精心养植的三角梅，落英依然缤纷。

我爱三角梅[1]

装点客厅遮太阳，青山请得角梅芳。

常观花艳添吟兴，每睹落红多感伤。

喜鹊枝头迎老友，隔门呼叫乐如狂。

夜阑人静婆娑影，明月清风思故乡。

[1] 与长孙女张岱青、长孙谢知劼偶然拾得一只雏鸟寄养在三角梅花丛中，回家隔门呼叫，它在屋内连声应答，十分可爱。

我爱海棠花

千姿百态海棠花，暗惹风流喜万家。
美女爱她多染色，帅哥无意乱涂鸦。
寿星秃笔绘春景，小弟选张送慈妈。
教室一间盈壁彩，师生互动育奇葩。

长兄开举八十寿辰感赋[1]

天灾人祸重重困，慈母沉疴久卧床。
妙药神医无可奈，吮疮为母治癌伤。
离家少小苦难尽，美酒鲜肥少举觞。
清淡生活宜益寿，长兄百岁寿而康。

留影忆

留影坝桥故地游，春秋四秩雪白头。
江山依旧红颜改，雨雨风风情义留。

离 别[2]

岚烟漠漠叶风翻，无奈离情酒半酣。
摇笔诗翁云外指，断肠春色杜鹃山。

[1] 作于2007年。

[2] 《贵大吟苑诗词选》收录。

1963年8月，于花溪公园坝上桥。

答家人[1]

无意烧干两壶水，有心苦读圣贤书。
任凭报警呼呼叫[2]，趣在涂鸦不在炉。

高楼遥相思[3]

写诗复写诗，汗水凝成丝。
乒羽球无伴，泳河乐不支。

人在浦江

机落沪城一瞬间，贵阳已隔万重山。
羽球不作浦江伴，明月何时照我还。

过贵州师大回眸照壁山有感

一

路过校门看馆场，琼楼鳞次忆沧桑。
五十年代寒窗地，泥路一条翰墨香。

二

照壁山前回忆多，四年风雨半蹉跎。
友情最是红砖厂，热血青春动地歌。

---

[1] 2010年9月6日发表于《贵大吟苑》。

[2] 家中水壶设有报警器，水开了就会呼呼叫。

[3] 2010年8月，去上海观世界博览会居小女谢毅家，30－40℃高温，每天跑体育馆寻搭档打羽毛球皆扫兴而归。特赋此诗。

1959年10月1日，新中国成立10周年国庆游行。时获贵阳师范学院(今贵州师范大学)射击冠军。

无　题[1]

昔日寒窗苦作舟，今朝圆梦喜心头。
春风得意无忧患，舞剑吟诗志未休。

邻里关系

一

房子四合门对门，油盐柴米总难分。
东家蔬菜西家送，南舍果鲜北舍馨。

二

现代高楼门对门，铁门紧锁姓难分。
邻居默默几十载，鸡犬声声互不闻。

寒舍三角梅[2]

一

野外移植室内栽，阳光普照爽风来。
婆家胜似故乡美，地利天时花盛开。

二

莫叹野外诸芳尽，还有家中花盛开。
鸟醉清馨歌盛世，人迷梅海觅诗材。

---

[1]　2009年6月29日发表于《贵大吟苑》，《建国六十周年中华诗词国庆献礼》收录。

[2]　2009年6月22日发表于《贵大吟苑》，《中华诗词大辞典》《建国六十周年中华诗词国庆献礼》收录。数九寒冬，贵阳六广门多乎斋内两株三角梅枯枝上一花独放达三月之久。

三

三角梅开香满窗，魂勾蜂蝶猛扑窗。
花香蝶舞人添喜，人醉馨中入梦乡。

四

晨起穿厅到客堂，奇葩争艳斗芬芳。
老翁一夜醉难醒，梦海通宵品墨香。

五[1]

西晒阳台三角梅，寒风傲骨比芳菲。
来年待到花千树，喜看梅花带雪飞。

六

三角梅花谁剪裁，千条万朵压枝开。
临窗戏蝶时时舞，户外娇莺恰恰来。

七

万花凋谢一花馨，两树情同反哺心。
感汝朝朝勤照料，留她日日伴君恩。

秋霜二友

山里红如火，菊花笑满腮。
不争桃李艳，敢斗雾霜霾。

[1] 《贵大吟苑诗词选》收录。

2014 年 10 月、2018 年 5 月，于贵阳六广门多乎斋。

我爱小动物

双双仓鼠荡秋千，对对稚鸭吸水玩。

小兔小猫添乐趣，爷爷奶奶怨天言。

今昔吟

衣

衣服不制一年穿，补洞重重不卸寒。

谁料余年衣柜满，衣分四季布棉欢。

食

昔日定量少油汤，饥肠辘辘闹饥荒。

今朝话瘦嫌肥胖，鲜果鱼虾伴杂粮。

住

当年五口数十方，墙壁漏风天漏光。

今日两厅三室住，空调冷暖度夕阳。

行

犹记少年到县城，马车两日起星辰。

今朝镇里乘车去，的士大巴车等人。

诗书画羽人生

人生难得天天聚，我幸有缘日日亲。

常想旧情翻影集，也曾因梦动诗魂。

听唠叨

权把唠叨当曲欣，烦人句句似诗吟。

参商不语多沉寂，岁月无歌愁煞人。

人生感言[1]

人生三万日，岁月快如梭。

孝敬岂能待，健身常舞戈。

二〇一六年除夕怀远[2]

人在金阳月在天，除夕腊肉为谁拈。

相思今夜邮千里，衣带渐宽省万钱。

二〇一〇年上海过国庆

国庆今年几处分，四方同庆也欢心。

一年一度春常在，异地异乡情也深。

回乡偶书[3]

回乡此去意如何？车快房新电话多。

不见当年泉水涌，惟余野草树桩坡。

---

[1] 作于2016年春节。

[2] 长女住贵阳市观山湖区，2016年全家于此过春节，唯小女谢毅一家独在上海。特赋此诗。

[3] 作于2007年。

故地重游[1]

青春岁月水中流，故地重来已白头。
记得鹅黄添绿色，娇容水映乐悠悠。

七九登黄山

西部谷深攀顶峰，八十将近古稀翁。
登山从未居人后，如醉如痴谈笑中。

闲谈百岁老人有赋

人生百岁不寻常，晚景唯求体健康。
有限余年皆爱惜，无忧岁月莫轻狂。

旧口琴

相依相伴六十春，雨雨风风暖我心。
花落花开它最晓，忠实可靠唱乡音。

秋 吟

禾苗田里半枯焦，西晒阳台似火烧。
秋虎发威晴不止，市场蔬菜价升高。

---

[1] 《建国六十周年中华诗词献礼》收录。

老屋蔷薇

繁花似锦又遮阴，朵朵精神迎贵宾。
风舞冰姿千脸笑，莺藏密叶伴君吟。

乡　愁[1]

南北东西聚贵阳，亲情友谊倍牵肠。
少年怀志寒窗乐，衣锦荣归两鬓霜。

题画诗

一

翠竹摇幽径，苍松知月心。
诗情传友谊，画意送温馨。

二

贵州山水美如画，游子思乡衣锦归。
少小离家情不改，师生友谊隐翠微。

忆甜酒店[2]

酒香不怕内行争，晒网两天五日停。
周六柴扉蜂蝶舞，店门挤破更扬名。

---

[1]　吴伟民、吴伟东、刘琴、刘勇及吴母光临贵阳六广门寒舍作客。特作《乡愁》和《题画诗》。

[2]　19世纪，遵义县泮水有一谭姓人家开甜酒店，味纯酒真甜如蜜，每周只在周六周日两天营业，生意很好，遂有余钱购买田地。解放后土改，被划为“小土地”出租成份。

上：胡传芬老师相赠所绣长寿图。
下：侄女谢祥碧、谢祥燕所绣百寿图。

题胡传芬老师赠亲绣长寿图

指间友谊盈仙鹤，线里亲情满苍松。

千户黉门殷姓少，百年同乐共登坡。

题侄女谢祥碧谢祥燕赠亲绣百寿图

千针万线绣丹心，旰食宵衣含苦辛。

寿比南山同筑梦，身轻体健共争春。

鹧鸪天·喂鸟[1]

知道爷爷性耐烦，喜欢养鸟弄猫玩。百花野径捉雏鸟，看看爷爷烦不烦。

张嘴要，仰朝天，手拿虫子喂得欢。白天让鸟休息好，晚上垂帘御冷寒。

鹧鸪天·退休乐

一世挥毫翰墨干，虽无宝马乐陶然。朱颜退尽心无悔，淡忘财名心底宽。

昨晚上，好安眠，今朝诗羽乐一天。惟期幼木参天樾，愿把余晖洒满园。

[1] 《建国六十周年中华诗词国庆献礼》收录。

蝶恋花·情系龙井泉[1]

巨变家乡千样好，唯有龙泉，不见心酸了。井干水枯长野草，苍松翠柏何时跑？

犹记少年泉水冒，戏水喝泉，捉蟹无烦恼。兄妹相追沿井跑，波蓝如镜双人照。

西江月·上海香榭丽花园

鸟语花香人寿，荷花池里鱼欢。春风拂柳月儿圆，听取蛙声一片。

黄浦金融世界，五洲四海潮翻。莘莘学子勇登攀，上海明珠灿烂。

西江月·爱心颂

世上雷锋拉近，无私感动诗魂。奖金拾币献班民，贴着心灵一吻。

谱写人间温暖，回眸华夏之春。阳光雨露润黎民，厚厚严冰消尽。

[1] 《建国六十周年中华诗词国庆献礼》收录。

卷五／荡污涤垢

赞铁拳反腐[1]

满斟美酒千家泪，细切肥羊万姓膏。

全面反贪华夏网，围追蝇虎五洲剿。

除奸何惜乌纱帽，惩腐犹张正气旌。

权力紧关笼子里，清廉换得舜尧朝。

某高官

曾经发愿谱华章，权重智昏恶性狂。

问柳寻花偎玉体，谋私提干犬鸡昌。

高楼一栋凭关系，地室几径藏富商。

落叶西风时令至，铁窗冷月进牢房。

斥贪官[2]

百业待兴教为先，新楼栋栋喜空前。

汶川地震学生惨，学校重灾瓦砾山。

地裂天崩摧腐朽，巍然“希望”固如磐。

良知要问缘何故，幼鬼新坟骂贪官。

[1] 作于2015年。

[2] 四川绵阳有五所希望小学在汶川大地震中幸免于难，迄今屹立。

贪财不仁千夫指[1]

冷眼尘寰观世界，悬尸敲诈坏心肝。
儿童溺水频呼救，学子合衣浪滚翻。
出水托人力耗尽，英雄含恨命归天。
耆年热血人梯救，青壮无情袖手观。
难忍河边救死队，活人不救勒尸钱。
贪财忘义千夫指，舍己救人万代传。

矿难猛于虎

一

神州矿患已惊心，各地缘何还害人。
煤炭车车含血泪，井窑处处埋冤魂。
赃官豪腕多欢笑，寡妇孤儿有哭声。
百姓深知坑道险，只因生在赤贫村。

二

我闻矿难已酸心，是否官员耳堵尘。
血染乌金泡旧鬼，薄薪糊口起新坟。
长兄冤鬼拦山哭，次弟弃学虎口奔。
生命已知犹可贵，终因一字究于贫。

[1] 2009年10月，湖北长江大学三位大学生抢救溺水儿童不幸身亡。一穿白衬衣的老年男子拉着绑了学生遗体的绳子，索取打捞费3.6万元。

车祸猛于虎[1]

车祸猛于虎，一室虎吞三。
父亲因虎去，独子虎为餐。
老伴虎夺命，农夫泪雨潸。
邻居虎更恐，青壮四五焉。
呜呼！
金钱能抵罪，违章谁埋单。

某 君

书声朗朗校园东，绿水青山新路中。
利己损人又重演，垃圾夜倒路塞壅。
师生上课迂回走，翁妪进园路不通。
盛世发财欲应满，报答社会理才公。

敛 财[2]

时时有信寄寒门，厌倦开封存鄙心。
任你天天发大奖，我还日日度微薪。
诗星院长频频送，博士大师处处银。
君若敛财寻大款，书生自古是穷人。

---

[1] 《建国六十周年中华诗词国庆献礼》收录。

[2] 近年，由全国各地寄来，授予本人所谓诗星、会长、名家、博士、大师等名号的信件，不下200封。

敲 诈

时下索财鬼计多，亲戚朋友好盘剥。
红白喜事公开要，驱鬼升迁暗地割。
首付房钱跨槛礼，搬家又要请烧锅。
工薪白领紧腰带，姑舅姨妈逼跳河。

足协腐败世人惊

贪污腐化漫无边，圣地乐园玷污完。
比赛强身舒壮志，枉法裁判[1]卖人权[2]。
招呼暗打黑心起，手亮红牌心数钱。
不用吹灰卅五万，比她娼妓两三番。

勤劳难致富

勤劳致富万人羡，时下辛勤无户赢。
房产开发千户好，资源垄断满门星。
黑钱老板行囊满，灰色富翁哈气成。
分配不公人气愤，挖空国库气难平。

[1] 2011年3月31日，中央电视台“焦点访谈”披露，上海申花足球队通过关系给裁判打招呼，裁判受贿35万元。

[2] 人权：在此指人民给的裁判权。

医 德

专家教授品德糟，逮住病人拼命敲。

管你伤风小感冒，CT透视照B超。

处方妙手频频念，回扣奖金节节高。

医德何时人说好，院风[1]难树路遥遥。

斥草率医风[2]

开刀没送大红包，肚内留纱起祸苗。

腹大腰粗烧不止，倾家荡产泪滔滔。

迢迢千里治癌症，肚子剖开纱布条。

草率医风真要命，和谐社会路遥遥。

误 诊

华佗修得百年身，今日谈医见泪痕。

误诊庸医街巷议，专家弄错好新闻。

照光穿刺说“核症”，服药心疼头脑昏。

久治不愈人变态，看清炎症已无春。

[1] 院风：医院的医德医风。

[2] 发表于《花溪诗词》第4辑，获2008和谐文化之旅全国诗词散文大赛二等奖并入选获奖作品集。据报道，贵州省威宁县一农民开刀后，高烧10年之久，来省城剖腹检查，取出前次手术留下的纱布才病愈。

廉租“保障房”

确保低收入小康，上施良策建华堂。
多谋狡兔拥三窟，弱势贫民无半房。
寒舍危房风雨困，廉居广厦轿车忙。
乌云蔽日苍山暗，蝇虎遮天社稷亡。

赞香港反贪“零容忍”[1]

行贿无边犯圣颜，香港政策法如天。
万元巨款贿博导，内地学生手被钳。
妙计神探赃物在，女博含泪进牢监。
反贪策略“零容忍”，港府清廉世界先。

传销者丧命有感

致命传销醒后人，表哥有子变孤魂。
骄儿辛苦五更起，商贾赚钱几万金。
美梦传销囊洗尽，悬梁自尽泪含咽。
老翁丧子归阴去，失伴遗孀含恨跟。

[1] 香港城市大学数学系武汉籍博士生陈静贿赂老师1万元现金，催要试卷及答案，被判入狱6个月。

致盲从者

狂男靓女盲从西，行为超前品位低。
亲吻校园翁妪避，搂腰勾颈丑如鸡。
文章歌颂道德美，小品可能作料讥。
华夏礼风四海器，与时俱进岂能迷。

气候突变感赋

气温冬夏两天分，预报温差参考闻。
昨夜严冬八九度，今朝盛夏汗淋淋。
爷孙坡上赏冬景，时见游人穿短裙。
岂止苍天能变脸，还听拍马送魂灵。

高楼夜总会[1]

闹过三更闹五更，电光歌舞几时停。
可怜千户旁听客，辗转难眠梦不成。

送贪杯者

狂饮伤肝百病浸，开车醉酒鬼招魂。
可怜天下贪杯者，后继前仆还有人。

[1] 2009年6月22日发表于《贵大吟苑》，《建国六十周年中华诗词国庆献礼》收录。

送“四人帮”

威风凛凛弄皇权，残害忠良血满川。
动乱十年华夏旧，位高造孽已翻船。

劝君少做缺德事[1]

清川幽径傍通衢，黑夜破车倾烂泥。
做事缺德千户指，损人利己万人讥。

捐赃“慈善翁”[2]

胆战心惊回扣风，捐赃假意做雷锋。
将功抵过荒唐理，监禁两年警示钟。

乱占耕地几时休[3]

山岭秃秃水不流，良田处处起高楼。
沙袭气暖减耕地，人类生存实可忧。

[1] 2006年10月的一天，从花溪小学进花溪公园的路上被人无端倒了两车烂泥，几位工人正在输通。

[2] 某单位销售药品吃回扣严重，某领导不敢抵制就将收受的回扣23万元捐予慈善事业。

[3] 作于2002年。

调笑令·惊叹[1]

惊叹！惊叹！父女朝夕为伴？吸烟父女相残，千金两岁少欢。遗憾！遗憾！天下烟民为鉴。

[1] 据报道，一名两岁女孩一天要吸两包烟，其父不但不阻止，反而共吸。

卷六／缅怀纪念

人民的好总理周恩来

一代英雄万世骄，人民领袖颂声高。
纵横风雨六十载，拔地撑天华夏骁。
宵食旰衣无遗憾，鞠躬尽瘁鬼亦豪。
长街十里人民送，噩耗传来泪如潮。

登庐山参观一七六号别墅有赋[1]

月明如水献忠诚，百姓呼声含泪倾。
人报丹心因爱党，书曰庶事是实情。
为民请命千秋范，立马横刀万代名。
大义应申存骨气，中华崛起慰英灵。

国殇感赋

人间大难尽疮痍，裂肺撕心泪雨凄。
含笑春花失大爱，壮观大厦化成泥。
家乡绿水哭碎玉，华夏哀音下半旗。
白骨堆堆圆大梦，成城众志泰山移。

[1] 作于2015年5月。1959年庐山会议期间，彭德怀住176号别墅。

2015 年 3 月，与妻登庐山。

贵阳黔灵湖烈士纪念碑前有赋

贵阳解放散硝烟，屈指六十尧舜年。
华夏腾飞可揽月，筑城猛进换新天。
小康同步圆国梦，科技兴邦建乐园。
先烈灵湖含笑睡，神州盛世谢先贤。

伟大的母爱[1]

八级地震妈妈亡，荫庇幼儿体健康。
塌倒屋房背顶住，匍匐双手架成房。
临终默默呼儿子，泪水汪汪见体僵。
母爱无私垂万古，手机短信泪千行。

沉痛悼念赵西林会长

心潮滚滚咏君诗[2]，未颂清明公已辞。
寒雨凄风眠不得，何时明月遣愁思。

悼念岳父殷明德逝世二十周年

杨花落尽子规啼，岳父慈祥车祸凄。
未尽孝心哀满肚，愁思一夜梦依稀。

---

[1] 四川汶川大地震中，一位母亲遇难前给孩子留下手机短信："亲爱的宝贝，如果你能活着，一定要记住我爱你。"

[2] 咏君诗：指已故贵州省诗词学会原会长赵西林先生所作《读谢开科诗词集有感》。

岳母吴盛永。

1964 年 4 月 24 日，与母亲王明芬。

悼念岳父逝世二十二周年

慈眉朗目体修长，微笑长衫气宇昂。
茅舍窗明尘不染，心灵手巧爱法章。
一生坎坷罪何有，几度挫折泪满眶。
愿父天堂多保重，炎凉冷对乐无疆。

悼念岳母逝世十周年

耄耋日夜苦艰辛，线线针针慈母心。
背扇绣图五更起，布鞋纳底晓星沉。
八十不戴老花镜，凭手绣花图案新。
旧貌十年常忆起，儿孙牢记老人恩。

赞母亲王明芬

书香世代面临荒，奋起巾帼挑大梁。
货币贬值丧土地，田园夺去尚征粮。
举家进镇居无所，财力不支难佃房。
车到山前母有路，加工水稻实余粮。
全新思路寻途径，多种经营苦兴邦。
汗水浇成花几朵，家庭圆梦气高昂。

怀 念

东风送我到家乡，携子将孙祖墓旁。

雪染鬓霜思往事，泪含两眼谱诗章。

忆一九六七年回家探视病母[1]

顿首家门愧泪流，病危送母已冬秋。

牵肠公干关山阻，羞涩囊空病患留。

母忍痛疼儿洒泪，兄慈跪地吮癌瘤。

五十薪俸紧腰带，一顶乌纱困自由。

无路叫天天不应，求亲问友友还愁。

来生但愿高堂寿，离任归田尽孝猷。

清明遥忆慈母

噙泪异乡忆旧颜，不堪离合两悲欢。

清香一柱相思远，诗句几行梦里圆。

叩秉儿孙都若愿，嘘询日夜可孤单。

坟头想是长青草，留与严冬避雪寒。

[1] 当时月薪57元。

1967 年，与母亲及两位女儿谢玲、谢萍。

纪念母亲诞辰一〇四周年逝世四十周年[1]

大山挥泪亲人恸，痛悼母亲王明芬。
老墓碑文历历在，热泪盈眶线线真。
恭立坟前思往事，言犹在耳记儿心。
一生辛苦鞠躬瘁，足迹印遍寨与村。
不是当年贤母勇，哪有今日家业兴。
慈母丹心千古在，子孙牢记万年吟。

梦　母

已知母在异空间，昨夜缘何梦里还？
想必牵思儿女事，似乎不舍旧家园。
千关尽孝路途远，无眼老天癌症缠。
两鬓苍苍霜雪染，花甲早逝泪潸然[2]。

纪念父亲谢定舟诞辰一一四周年[3]

幼习翰墨事无成，鸦片染身害一生。
烟馆常开家产败，经书枉读误前程。
养儿尽孝两荒废，早逝英年满泪盈。
教训深深应切记，远离毒品筑长城。

---

[1] 作于2007年。

[2] 母亲于1967年去世，享年64岁。

[3] 作于2012年。父亲因吸食鸦片体弱于1952年病逝，享年仅52岁。

哭长兄开举[1]

林茂花妍墓绿中，长兄一去影无踪。
百年凝冻断归路，千里冰封难送终。
携子将孙来祭奠，望兄仙境乐无穷。
生离死别千般苦，骨肉分离万事空。

回乡探视兄墓[2]

公墓初开小路通，农车颠簸不由衷。
闲云漫洒星星雨，翠柏轻摇细细风。
林茂环山花烂漫，田腴傍水稻盈丰。
生前纵有千般苦，仙逝无忧万事终。

悼念大姐殷琼林逝世八周年[3]

大姐好客永留芳，仁义情浓似海洋。
进屋品黄闻腊味，上桌尝糯有香肠[4]。
五更灯亮煎鸡蛋[5]，清早送行磨豆浆。
痛忆交流回报少，容颜满纸久萦肠。

[1] 2008年春节遇百年不遇大冰雪，长兄谢开举逝世未回家奔丧，谨以此诗致歉。

[2] 2012年6月11日发表于《贵大吟苑》。2008年长兄去世，冰冻路阻，2009年方回乡探兄墓。

[3] 作于2012年。

[4] 只因喜食糯食，每到大姐家她都会煮香甜可口的糯米饭。

[5] 大姐热情好客，每次黎明辞别，她都油煎鸡蛋由四楼送下，十分感动。

悼念二哥开选逝世十四周年

家贫济困半生寒，少读经书吾不安。
替父从军尝尽苦[1]，回乡就业本金难。
语言幽默岂能干，历任村官年复年[2]。
兄弟亲情没过够，分多合少月难圆。

悼念小妹开仙逝世四周年[3]

小妹一生太凄然，左倾冒进罪滔天。
黉门停课炼钢铁，学子下乡挖土山。
家务儿孙两把锁，缺衣少食万般难。
贫穷骨肉兄难济，遗憾一生年复年。

教 训[4]

长女别亲太惨然，传来噩耗泪流干。
三十五载不眠夜，照片一张唤遗颜。

---

[1] 国民党政治腐败，父亲体弱，年届46岁还被抓去关押，母亲只好将17岁的二哥谢开选送去当兵将父赎回。二哥当兵三年，临近解放逃回家。

[2] 解放后，二哥一直任村党支部书记。

[3] 作于2012年。1958年，农村搞“大跃进”、学校上课不正常。1961年，大学毕业后在黔南师范学校工作，曾想接小妹随读，因母亲不同意，未果。

[4] 作于2010年。1975年1月（农历腊月28日），大女儿谢玲去朋友家玩，在山上不幸跌岩去世，至今不敢面对。

回故里

重回故里已无春，哥嫂新坟倍痛心。
沧海奔波知不易，白发方觉愧亲人。

访表哥不遇 [1]

轻车熟路访表亲，半掩柴扉人陌生。
请问一声门紧闭，邻居解说主归阴。
传销长子悬梁尽，亏本二儿妻子奔。
翁妪仙逝房易主，独儿垂泪雨中人。
求学寒士常来往，哥嫂温心如待宾。
呜呼！
天若有情天亦老，故园何处觅知音。

忆红军长征七十周年 [2]

红军不怕远征难，万里长征人未还。
遵义城头红日起，湘江河畔巨澜安。
娄山往返敌丧胆，赤水迂回奏凯旋。
七秩春秋思往事，亲人不见泪潸潸。

[1] 表哥戴正乾系儿时好友、小学同窗，两年不见就发生大变故。特以此诗感叹人生。

[2] 发表于《晚晴》2007年第7期，《中华诗词大辞典》、贵州大学校园诗词选《溪山畅咏》收录。

感　恩

——写在母亲逝世四十五周年之际[1]

几点感恩泪，江河也变深。
披星戴月累，汗洒一家心。

悼念故友冉启盛先生

凤山湘水共悲哀，水泣山呼往事来。
电话遥知君逝世，清风泪雨送泉台。

闻雅安地震有寄[2]

唐山雅市继汶川，寡妇孤童怒老天。
诗恨无能救生死，国强民富靠锤镰。

惊闻长兄开举病故[3]

噩耗惊传难自安，千山万壑雪封山。
家庭顿失擎天柱，愚弟丧兄泪雨潸。

---

[1] 作于2012年。

[2] 2013年12月23日发表于《贵大吟苑》。

[3] 2008年2月，长兄谢开举去世，时逢罕见雪凝天气，路封车停无法回家奔丧。谨以此诗志哀。

1957 年 9 月，入大学前与好友罗寿昌、冉启盛于遵义。

忆江南·纪念母亲诞辰一〇一周年[1]

亲去也，常忆旧时容。日出暮归尝尽苦，夜来家务伴星空。能不梦情浓。

菩萨蛮·忆一九五九年天灾人祸[2]

黑水桥下清清水，中间多少亲人泪。照壁望家乡，可怜一叶障。

乌云遮不住，踏上归程路。何物最知情，杜鹃三两声。

[1] 作于2001年。

[2] 小姑一家丧生于1959年，作此词以示怀念。

卷七 ╲ 友情常青

贺冯泽老师八十华诞[1]

八秩高龄已忘年，童心不改布诗缘。
传薪踏雪侵肌骨，阅卷披灯蚀脑肝。
三载耕耘结美果，一生辛劳谱佳篇。
诗词进校弘国粹，碧血丹心诗满园。

八十述怀

◎ 冯 泽

一

八旬岁月半蹉跎，风雨潇潇白发多。
少壮空怀宗悫志，耄年劲舞鲁阳戈。
小车未到辛勤跑，木脑犹温放胆歌。
且趁斜阳风景好，振衣更上又一坡。

二

八秩光阴一箭驰，是非功过任由之。
读书忘寝寝常晚，行事扪心心未私。
习字朝朝乏妙笔，学诗夜夜少奇思。
欣逢耄寿交鸿运，携手英年乐不支。

[1] 《中华诗词大辞典》、2010年《和鸣集》收录。冯泽系贵州农学院原党委书记、现《贵州诗联》顾问。

依原韵和冯泽先生《八十述怀》

一[1]

八旬岁月哪蹉跎，半世辛劳硕果多。
少壮潜心师李杜，耆年奋臂舞毫戈。
骚坛兴起扬国粹，学府倾情谱浩歌。
桃李满天鞍未下，一坡越过又一坡。

二[2]

八秩光阴转瞬驰，是非功过庶民知。
宵衣旰食寒窗苦，戴月披星惠政施。
国粹弘扬心血洒，校园诗教雨露滋。
文章歌赋兼师友，处事为人平易之。

诗集付梓谢冯公[3]

披星戴月李桃栽，忘却人间名与财。
三尺讲台平仄诲，十年书案韵魂开。
无私奉献胆肝照，着意耕耘瓜果来。
五百拙诗将付梓，春风玉剪惠酌裁。

[1] 《中华诗词大辞典》、2010年《和鸣集》收录。

[2] 2010年《和鸣集》收录。

[3] 2011年12月5日发表于《贵大吟苑》。

读谢开科诗词集有感[1]

◎ 赵西林

真情宣泄韵声悠，宛若山泉款款流。

活水牵来诗苑灌，芳林荣茂暖风柔。

依韵和赵西林会长《读谢开科诗词集有感》

天外传来琴韵悠，苍山活水涌泉流。

泽霈诗苑千芳秀，不尽蛟莺燕语柔。

序《八秩述怀》赠诗（二首）

◎ 冯泽

一

家情国是两劬劳，万里山河分外娇。

一卷吟成双鬓染，余音袅袅入层霄。

二

诗词一卷兴无涯，觅玉探疵愧才差。

搔痒未必着痒处，野人聊献苦丁茶。

[1] 发表于《贵州诗联》2015年第2期。

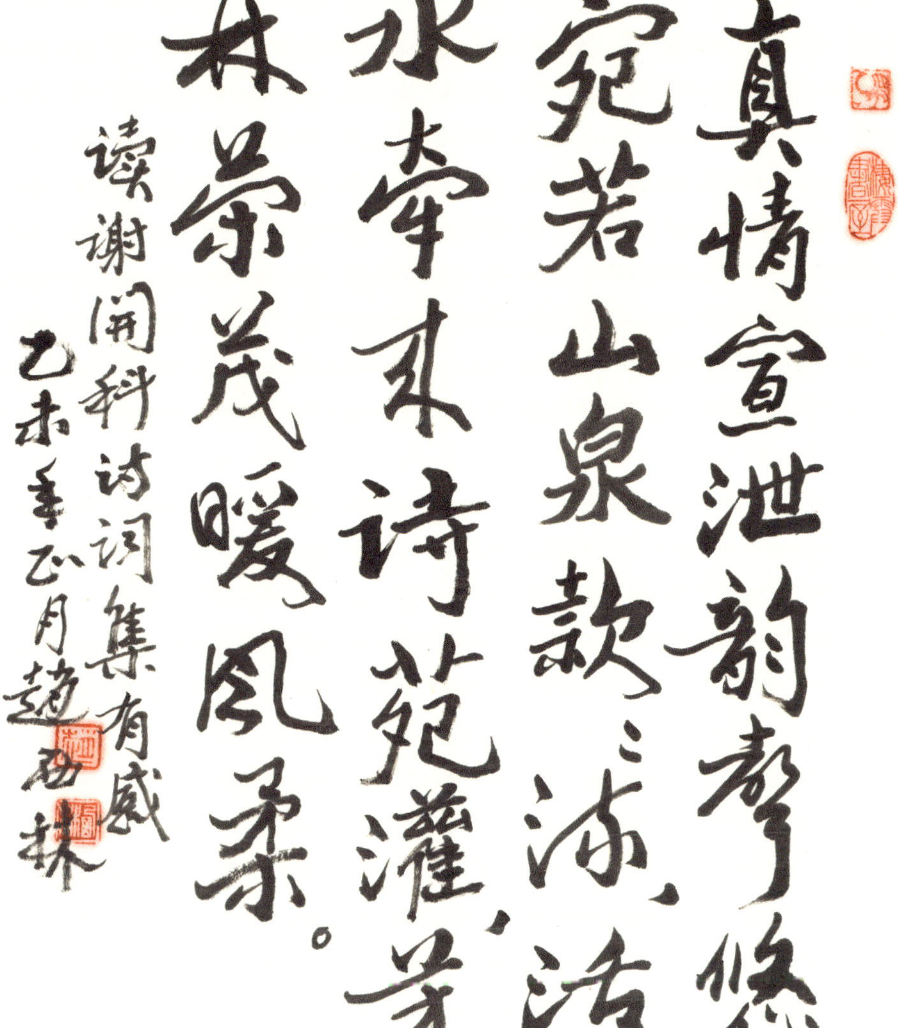

已故贵州省诗词学会原会长赵西林先生题《读谢开科诗词集有感》。

和冯泽老序《八秩述怀》赠诗

一

骚人儿女两劬劳，友谊亲情分外娇。

五百诗词吟盛世，八十梦圆喜今朝。

二

诗词一卷少奇葩，问世寻疵觅师家。

拙著点穿着痒处，舒心痛饮老鹰茶。

狗年迎春贺诗书画友

柳浪报春千里秀，金鸡迎狗九州安。

财如泉水家国富，寿比南山翁妪欢。

满庭芳·校园之春

◎ 冯 泽

曲径通幽，平岗笼翠，古松仰啸蓝天。燕莺歌舞，鸢翼入云端。场上腾龙跃虎，灯窗下、卷帙无闲。听鹃唤，声声急切，莫误了年华。

琪园，樱树树，群芳竞艳，锦上花添。喜杨柳轻飏，诗意悠然。春梦今番最好，绿茵地、漫咏新篇。抬头看，东方冉冉，红日出云山。

满庭芳·依韵奉和冯泽先生校园之春[1]

华夏诗词，国之瑰宝，有志学步参天。喜逢甘露，诗兴起毫端。场上球飞浪击，窗灯下、壁影难眠。中国梦，一声召唤，奋起若青年。

南园，曾有幸，医平问仄，乐趣频添。韵律送和风，瑞雪经年。泉水涓涓润我，心潮涌，洒向千篇。骚坛路，拙辑问世，红豆寄南山。

松涛诗会暨庆贺学会五老[2]寿八旬恭赋

◎ 冯 泽

盛夏清荷香满塘，椿龄五老聚一方。

文经理维弹新曲，日泳宵吟谱锦章。

枫韵悠悠翔百鸟，键琴笃笃鼓千簧。

何君最是多才艺，流水高山寿尔康。

读晓卫教授《绎史属文斋初集》有赋[3]

久慕王君识已晚，披灯把卷悟诗心。

书中笔底家常话，朋友人间友谊深。

依律行吟思李杜，浓情教子向苏辛。

园丁艺苑披星苦，桃李满天硕果新。

---

[1] 2014年9月22日发表于《贵大吟苑》，《中华诗教》2014年第4期收录。

[2] 五老分别为何培均、谢开科、江锡瑜、邹超亚、何文光诸君。

[3] 2014年12月15日发表于《贵大吟苑》。

读刘平教授《沧浪缀》有赋[1]

久慕老乡文笔深，古今通晓杏坛闻。

惊天韵律雨风骤，动地文章神鬼奔。

老骥铁蹄驱虎豹，凌云壮志颂国魂。

诗家喜遇复兴路，赤县繁荣盛世吟。

倾读《贵州大学报·杏坛春晓》，为谢君咏我《沧浪缀》之一律，今作奉和。

◎ 刘 平

“真情实感”[2]意何深，四百诗章今以[3]闻。

多少夜寒挑灯后，一生漫道待晨晕[4]。

不均一格沧桑赋，常缀长篇忆亲恩。

华夏骄骄诗韵雅，松涛朗朗楚骚吟。

[1] 2014年12月15日发表于《贵大吟苑》。

[2] “真情实感”：刘平先生所引诗句。

[3] 以：语助词，可以，足以，得以。

[4] 晕：昏眩。陆龟蒙诗：“看花虽眼晕，见酒忘肺渴。”

鹧鸪天·和谢开科《八秩自嘲》

◎ 刘 平

麟山脚下设教坛，几多辛苦几多甜。几番风雨摇灯暗，几载蹉跎忆盛年。

荣与辱，莫须言，漫天星斗有评传。人生八秩隆隆庆，百二十年寿不难。

鹧鸪天·和谢开科《八秩自嘲》

◎ 江锡瑜

一世耕耘百世师，栉风沐雨虑朝夕。行政业务双肩负，杏坛芬芳花满枝。

天地转，白发滋，情真韵切绚佳词。延年益寿诗偕伴，盛世之年锦绣织。

贺谢开科江锡瑜等诗友高寿

◎ 孙永宁

放下教鞭入诗坛，勤耕不辍多华篇。

岁月无虚登耄寿，还可高歌二十年。

喜读《谢开科诗词集》[1]

◎ 何培均

诗情眷眷细如涓，儿女家国友爱联。
字字声声出肺腑，葱葱郁郁自成篇。

和何培均教授《八旬重游庐山》

桑榆晚景上庐山，万鸟归巢牯岭喧。
竞秀千峰争暮霭，藏奇万户起炊烟。
老翁屹立仙人洞，深壑悬崖锦绣川。
回忆主席诗一首[2]，乱云飞渡又东南[3]。

和江锡瑜教授《八十感怀（一）》

青春无悔八十辰，异地异乡生茂根。
立志书山寻乐趣，愿陪日月度晨昏。
黉门育李抛休日，科研支农进僻村。
漫步遐龄思往事，勤耕苦读献丹心。

---

[1] 2015年春作于贵州大学。

[2] 诗一首：指1961年9月9日，毛泽东所作《为李进同志题所摄庐山仙人洞照》。

[3] 乱云飞渡：指"帝国主义、修正主义和反动派"几种恶势力。

乙未年春游庐山吴小用诗家赠藏头诗

◎ 吴小用

谢公楚江观，开郎风雨来。

科举当年事，常乐度人生。

为冯泽老八十六高寿而作 [1]

情满骚坛一劲松，植根大地郁葱葱。

诗词进校培沃土，桃李满园继杜风。

斗室半间千客聚，红星一颗九州朋。

苍山暮色同携手，共趁夕阳赶几程。

于沪探望曾昭毅老师 [2]

申城三次拜师门，岁月无情摧寿星。

细雨湿衣眼不见，闲花落地耳无闻。

每思不倦谆谆教，犹忆相携步步行。

昔日吾师身体健，今朝病卧我酸心。

[1] 作于2016年7月。

[2] 2012年9月3日发表于《贵大吟苑》。大学老师曾昭毅先生于2012年在上海逝世，享年100岁。

与罗伯母罗寿昌冉启盛王运才刘文华金世宗罗寿英相知五十周年感赋

人生能得几知音，沧海茫茫岂易寻。
启盛湘江结友谊，寿昌鸭校筑同心。
宗华刘母送温暖，寿妹运才情义深。
苦雨凄风情不改，和风丽日更相亲。

与罗寿昌相知五十周年有感[1]

对床夜雨无嫌猜，五秩春秋未染埃。
遵义城头同备考，鸭溪河畔共徘徊。
亲朋好友常陪座，雨雪风霜每挂怀。
潭水幽幽深似海，不及友谊涌泉来。

贵阳喜会故友[2]

遵义结成友，相逢兄弟般。
浮云一别后，流水五十年。
欢笑情如故，步行已蹒跚。
何因辞故里，儿女妻孤单。

---

[1] 《建国六十周年中华诗词国庆献礼》收录。

[2] 2006年，老友罗寿昌、王运才、罗寿英来筑游玩。

致好友冉启盛病中

月在故乡又满轮，想君此际正伤神。
四中友谊湘江畔，一世荣枯梦里魂。
往事如歌惟恨短，真情似酒不嫌陈。
妻贤女孝双双好，齐战病魔候故人。

启盛生命危急赴遵义探视有赋

惊闻噩耗泪沾襟，友谊五十满目君。
遵义四中同助考，湘江山水结同心。
十年动乱寒窗乐，五语修成外文深[1]。
生命尽头思老友[2]，音容笑貌万年存。

儿时好友鬓霜会[3]

儿时好友似参商，老态龙钟情不忘。
五五春秋如反掌，七八小时话情长。
往昔宦海谈风雨，今日退休念故乡。
翁妪双双相待老，温饱尢虑寿而康。

[1] 终身好友冉启盛在“文革”中闭门修习外语，对英、日、俄、朝、塞尔维亚等国语言较熟。

[2] 冉启盛身患顽症又引火烧身，生命危急关头，告诉妻子想见我一面，闻讯遂专程赴遵义探望。

[3] 2007年5月，在儿时好友赵恩纪府上做客有赋。

二〇〇八年春陈朝碧谢风云胡德邻同学来访感赋[1]

妙龄鸭校各西东，荏苒光阴五秩逢。
昔日桃腮流水去，今朝老态雪霜浓。
双双儿女已成器，对对妪翁堆笑容。
爽爽花溪桃李会，乡音唤起旧时容。

湄潭三中部分学生聚会有赋[2]

马山桃李四十春，斗转星移两鬓银。
教授专家思雨露，平民子弟保纯真。
韶光易逝情难老，友谊长青自在心。
但愿花甲身体健，应闻学子百年音。

庆祝贵州师范大学七十华诞暨历史系五七级毕业五十周年部分同学返校聚会临别赠诗

照壁四年风雨楼，五十聚会鬓霜秋。
无情岁月红颜改，犹忆寒窗笑靥留。
学海书山凝友谊，疾风劲草识貔貅。
今朝七秩夕阳美，明日八十景更幽。

---

[1] 陈朝碧、谢风云系1955年在播州区鸭溪小学任教时的学生。

[2] 参加这次聚会的学生年龄都已五十八九，所以称他们为花甲，希望他们也健康长寿。

上：2017 年 8 月，于贵阳修文阳明洞。
下：2014 年 10 月，于贵阳红枫湖。

老同学聚会

相逢已是鬓霜痕，旧貌风华昔日寻。
难忘韶光留倩影，常怀砖厂醉芳魂。
无情左水淙淙去，有韵人生款款临。
瑰丽夕阳迎盛世，笔端勤赋四时云。

主持同学聚会有赋

金风迎候盼君到，拙笔吟诗望友来。
回顾寒窗添异彩，且凭麻将杜痴呆。
蹉跎岁月懒追忆，珍爱夕阳共剪裁。
岂任柔肠生五味，开怀一醉洗尘埃。

贵州师范大学五七级部分同学聚会有赋

海北天南任鸟飞，能回照壁半数微。
难忘背井云千里，常忆寒窗梦百回。
鬓染厚霜人已老，牌敲旧事影如归。
相逢最恨夕阳短，痛饮浓情酒一杯。

一九九一年根生素华同学来家做客有赋[1]

春风吹绿万丛林，千树婆娑迎贵宾。
喜鹊蹁跹鸣玉树，蜂蝶款款采花勤。
吟诗作对表心意，浊酒满杯酬故人。
三秩相逢留倩影，四年照壁忆风云。

亲朋好友来相聚

满园春色风蝶舞，好友亲朋寒舍光。
五户亲朋一处聚，两桌麻将比芬芳。
鬓霜所喜身犹健，盛世无忧访友忙。
待到来年花似锦，放鸽桥畔饮琼浆。

与彭洪志学长分别六十年相会有赋

照壁同窗跃进中，挑砖担瓦说成红。
读书有罪炼钢铁，开会过多误我功。
教室青春凝友谊，麟山咫尺久闻公。
松山诗社助相会，忆旧谈今问老兄。

[1] 1991年，李根生、刘素华等大学同学到贵州大学家中做客。

喜鹊迎贵客

金秋十月艳阳天，喜鹊花闻问客安。

茅舍贵宾添瑞气，妪翁陋室笑心间。

粗茶淡饭迎亲友，谈笑风声唱友缘。

但愿来年花锦绣，林城望月盼君还。

赠画友[1]

一

一世修来两度春，诗情画意永留痕。

山鹰野鹤心相近，海角天涯月为邻。

二

春风欣会在灵山，野味珍馐庆友缘。

湖畔师生留倩影，轻歌曼舞乐陶然。

邀根生素华承刚及夫人至家赏三角梅未果感赋

久候待君至，客厅花乱飞。

参差红满地，迢递照余晖。

翁妪未忍扫，落红笑靥堆。

寒窗音貌在，霜鬓共芳菲。

[1] 作于2016年6月。

根生素华七十寿辰有赋

柳绿桃红爽爽风，赋诗一首忆情浓。
同窗好友开怀饮，谈笑风声喜气冲。
照壁巡幽同漫步，书山风雨不由衷。
功成名就解甲下，好趁斜晖访友朋。

诗　情[1]

寄寓诗书翰墨香，桑榆暮景喜犹狂。
今朝求索人生路，明日采风平仄忙。
翁妪唱吟情谊厚，诗词进校李桃芳。
一年一度春光好，半世半生细品尝。

贵州大学龙潭诗社松桃诗社联欢

一[2]

欣会春风骚客欢，溪河几处两心连。
晓星着意盼君到，皓月随心为我圆。
洒扫庭除告翁妪，闻鸡躬立校门前。
匡平问仄话粘对，唱和对饮乐天年。

[1]　2010年4月贵大松桃诗社会员合影感赋。

[2]　2011年12月5日发表于《贵大吟苑》，《贵大吟苑诗词选》收录。

二[1]

东风吹绿万丛林，李杜诗篇结友邻。
古树新花邀墨客，花溪流水觅知音。
群仙联袂臻祥瑞，翁妪清心照词魂。
携手夕阳齐奋进，青山不老水常新。

三

朗朗吟声轻叩窗，采风骚客喜犹狂。
清幽闲咏仄平味，豪放遥追李杜章。
聚会推敲情似酒，唱和细品喝夕阳。
几十翁妪词风异，一校诗风各有扬。

羽友彭安科为我修复羽毛球拍特吟此诗

半敞心扉一半知，羽毛球网结情丝。
折拍修补名师觅，彭老神功绝技施。
甘露滋滋凝友谊，雷锋乐乐谱华诗。
苍生易老情难老，留取丹心久相思。

[1] 2011年9月12日发表于《贵大吟苑》。

贺寿昌兄八十华诞

抗美援朝酬壮志，转学法律为人师。
讲台三尺奇葩艳，离任游山乐不支。

二〇〇九年罗寿昌于贵阳临别有赋

友谊凝成凤凰山，筑城折柳五十年。
天涯海角回归日，明月当空迎君还。

承刚学友七十寿辰志贺

照壁四年情谊长，承刚生日聚一堂。
欣君功业名遐迩，更望心宽体健康。

贺李敬达先生七十华诞

一生甘露润春苗，儿女成才绩可骄。
更唱桑榆情不尽，七十华诞领风骚。

与妻。

卷八／亲情永存

老有所忆所希

羽画诗书度晚年，坦途曲径自周全。
振兴翰墨为初梦，作对吟诗求月圆。
静夜青灯儿女事，黉门商宦雨风翻。
功成名就胆肝累，健体强身万卷仙。

金婚颂妻

感君五秩苦兼辛，为女为儿晨与昏。
斗室抹穿尘不染，教鞭惊醒梦难吟。
克勤克俭三更起，论己论公两认真。
战胜严冬风景好，包容淡利满园春。

盼　归[1]

盼女盼孙霜鬓浓，几年趣事梦魂中。
不求金玉行囊满，但愿平安归路通。
迷恋他乡千样好，应思故里百花红。
佳期屈指迎春到，休误贵阳爽爽风。

[1]　2010年3月22日发表于《贵大吟苑》，《中华诗词大辞典》、中华诗词学会《2012年度会员入会作品集》收录。

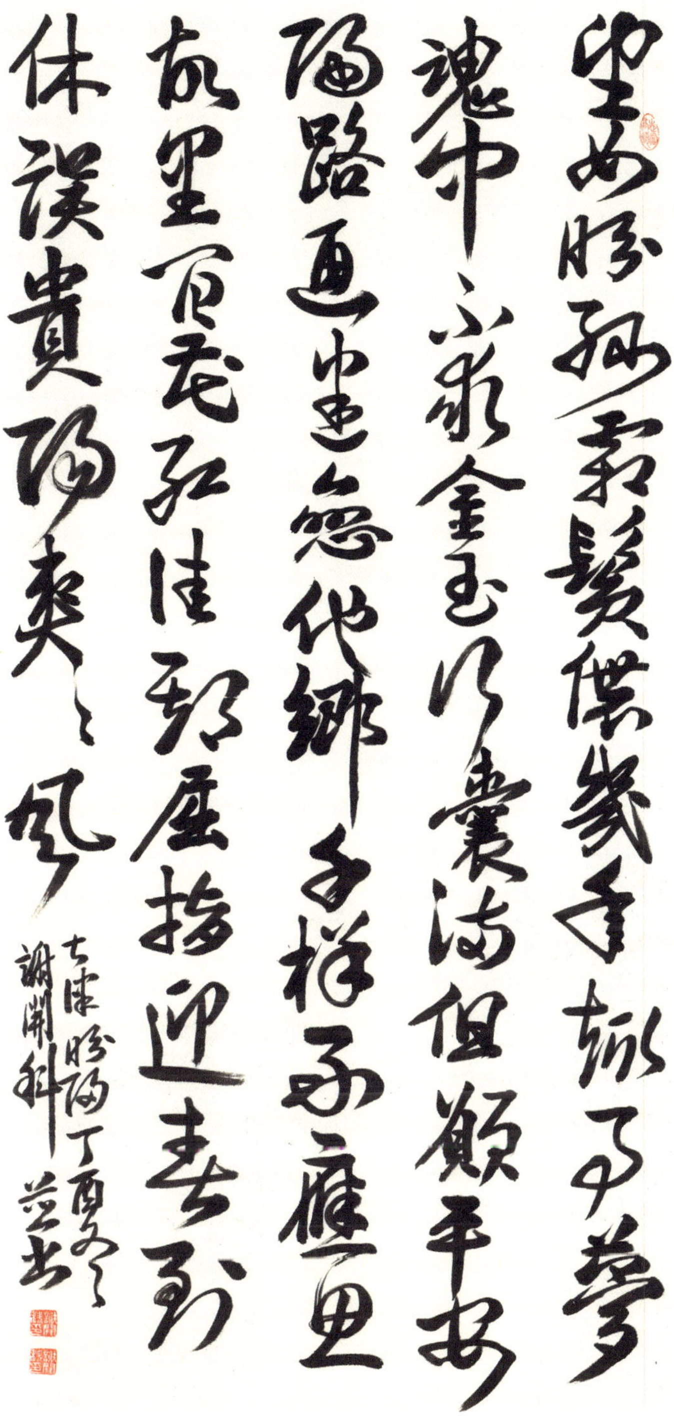

丁酉冬手书《盼归》。

新年忆亲人[1]

莺啼燕语报新年，水阻山隔路两千。
家住花溪杨柳畔，心随明月浦江边。
不知何处琴音响，疑是东珂弄管弦。
火树银花共美景，亲情两处意相连。

上海过春节[2]

茅台美酒浦东香，情意浓浓共举觞。
火树银花除旧岁，满桌海味话情长。
亲家照顾细周到，女婿关心父母康。
所喜盈楼身体健，还希百姓祖国昌。

癸巳筑沪过春节联想[3]

春去冬来筑沪游，吟诗作对尽风流。
贵阳气爽凉千里，上海楼高览五洲。
黄浦金融超世界，乌蒙景色冠全球。
东西差别数十载，同步小康欣共谋。

---

[1] 作于2007年。小女儿谢毅在上海工作，曾居上海浦东黄埔江边东珂花苑。

[2] 作于2004年。

[3] 作于2013年。2013年8月30日发表于《贵州日报》，2013年9月9日发表于《贵大吟苑》。

辞牛迎虎合家大团圆

合家欢喜牛年辞，飞舞烟花满苑姿。

上海亲人千里至，筑城子女半时迟。

一杯浊酒开怀饮，三世同堂共赋诗。

所喜盈楼春满地，还添笑料我填词。

空山烧烤火苗旺，百味溢香明月知。

几日融融情似海，一朝分手泪成池。

爱撒癸巳满屋春[1]

甘露润苗含苦辛，童心反哺表丹心。

张张纸板时时捡，角角银元日日存。

鞭炮一声除旧岁，红包双手慰亲人。

公婆父母开怀笑，爱撒新年满屋春。

于仁怀同老家亲人同桌共餐感赋[2]

雅聚酒都共举觞，同堂三代品琼浆。

梦中旧雨延新雨，茅舍朝阳胜夕阳。

暮景桑榆无限好，东升旭日更辉煌。

老来所喜身犹健，几户家兴翰墨香。

---

[1] 2013年除夕夜，6岁小孙女高声远将自己平时卖纸壳和获奖的220元分别用红包送给爷爷奶奶、外公外婆、爸爸妈妈、姨妈舅舅、表哥表姐共11人，感人甚深，特赋此诗表扬反哺之情。

[2] 作于2010年。

喜聚遵义农家乐[1]

贤侄具鸡黍，邀我去田家。
农舍赏盆景，朱扉览物华。
玩牌面场圃，折叶包粽粑。
相送情无限，归程醉晚霞。

参观上海世博会有赋[2]

2010年作者赴沪参观世博会，去时上海小女、女婿精心安排，玩得开心。返筑，长女、儿子想得周到，感到温暖，很受感动。特作上海赋、离别赋、归来赋。

上海赋

上海探亲好几秋，妪翁玩住乐无忧。
贮荫满目花如海，林立高楼贵似油。
处处繁花香惹客，园园别墅景添幽。
马龙车水闹中静，人海如潮有序流。
不见开轩防护挡，哪闻游客说财丢。
博园日日人潮涌，馆内天天热气抽。
可敬可尊志愿者，尤私尤怨庶民讴。
日流百万贵宾客，应对千方轻荡舟。
展馆便民真善美，世博盛会科技稠。
中国展馆浦江畔，大显风骚魂梦勾。

---

[1] 作于2011年。

[2] 据官方公布数据，2010年上海世界博览会最高日流量105.5万人，总参观人数7000多万。

离别赋

儿女应邀指日行，骄阳八月起航程[1]。
情通万里浦江畔，心系千山骨肉情。
海味鲜蔬先有备，门窗地板净无尘。
轿车接送披星起，门票预先载月行。
五彩游船观夜景，几人钱塘看潮奔[2]。
国庆焰火同声赞，火树银花迷住人。
久慕黄山难起步，今朝美梦变成真。
世博精彩多留影，环贸楼高看风云。
声远[3]黉门惊进步，公婆屋里好开心。
学习跳舞五星奖，营养配搭身体匀。
三月时光同食饮，九十日夜岂能分。
吟诗作对朝朝乐，赏景观光日日新。
明日飞机离沪去，贵阳爽爽避高温。

[1] 2010年8月16日，赴上海参观世界博览会，于10月26日返贵阳。

[2] 钱塘：钱塘江。

[3] 声远：小孙女高声远。

上：2017 年 10 月，于上海乘游轮夜游黄浦江。
下：2017 年 11 月，于小女谢毅居处上海香榭丽花园。

归来赋

一、大女儿忙中有备

飞机着陆手机响，大女告知授课忙。

腊肉香肠已做好，牛排猪肚进冰箱。

贵阳骤冷温三度，保暖棉鞋备两双。

今日启程赴上海，家中万事奈爹娘[1]。

讲台三尺李桃赞，尽日经年名师忙。

起早贪黑累与苦，风霜盛夏热加凉。

满园桃李九州笑，梦里园丁喜若狂。

父母双亲尽孝道，关心弟妹乐扶将。

家中内外都奔走，社会帮扶乐意忙。

天若有情天亦老，久劳无逸思量[2]。

二、儿子尽孝细心周到

八月世博上海行，归来儿子忙不停。

办完公事五更起，又挤时间家务清。

零乱东西分类放，归箱整理又标名。

屉箱扔去过期药，鞋履新添运动型。

橱柜食杂入盒里，冰箱无臭味纯真。

父母旅游里外跑，牙刷药品配毛巾。

---

[1] 乘坐飞机由上海返贵阳，着陆前，长女谢萍又已飞去上海。

[2] 谢萍授课很受学生欢迎，上课较多，很担心她的身体。

关心姐妹疼侄女，育子尽责有耐心。
家有贤儿家兴旺，国多良将国不倾。
见缝插针勤锻炼，贵在坚持磨杵针。

三、小女儿孤身在上海

十载寒窗一纸通[1]，孤身千里望成龙。
茫茫东海凄风雨，暮暮书斋思乃翁。
四个春秋转瞬逝，一张绿卡浦江东[2]。
学无止境含辛苦，百尺竿头英语攻[3]。
工作学习双管下，旅游健体岂能松。
迢迢千里孝父母，尊姐敬兄情意浓。
育子持家勤肯肯，家庭和睦暖融融。
悠悠岁月乐观过，漫漫人生防雨风。

二〇一四年秋与儿

韶光八载岂蹉跎，果是人间风雨多。
自荐丹心同策马，深思世事稳操戈。
钧天已奏和谐曲，大地回旋慈母歌。
连理征程红日里，期颐放眼奋登坡。

[1] 一纸通：大学录取通知书。

[2] 20世纪90年代大学分配进上海要持有“绿卡”。

[3] 小女谢毅怀女儿期间顺利考取英国注册会计师。

别时难 [1]

机场黄线两分开，母抱孙孙愁满怀。

泪眼望娘娘不语，手拉姨舅这边来。

笔者生日孙女岱青赠老寿星

寿星孙送入柴门，拐杖银须最可亲。

从此寒窗添乐趣，朝夕陪伴读书人。

亲家高恒安任雅丽避暑离筑返沪赠诗 [2]

爽爽金风瓜果丰，阳光水乡送亲翁。

生活清淡四十日，情意浓浓谈笑中。

答谢亲家谢开科殷玉琨 [3]

◎ 高恒安[4]

初访亲家在贵阳，殷勤招待全家忙。

遍游花溪黄金道，错把黔乡作申江。

[1] 2007年8月16日，小孙女高声远的姨妈、舅舅赴贵阳机场送一岁半的她回上海。

[2] 2009年8月19日作于贵阳花溪。

[3] 作于2009年8月19日。

[4] 亲家高恒安，短暂客居贵阳寒舍赏昙有赋临别赠诗，特收入此集。

2001 年，与岱青、知劼于贵阳。

贺仕明懋坤金婚长寿[1]

盛世金婚笑语欢，湄江蝶恋忆华年。

志同道合晋秦好，共挽鹿车百载甜。

贺懋坤贤妹七十华诞[2]

七秩而今亦不奇，挺胸阔步向期颐。

东风时雨花盈树，盛世天伦共和熙。

长相思·癸巳春节六岁孙女声远给全家发压岁钱[3]

盼过年，想过年，压岁红包梦里甜，饮泉思水源。

分分钱，角角钱，发给亲人压岁钱，公婆笑满颜。

菩萨蛮·迎春野外烧烤[4]

河滩十里青山翠，全家烧烤童心醉。蜂蝶伴花飞，妪翁赏翠微。

河山人已醉，又品家乡味。香味伴风吹，醉人围火堆。

---

[1] 2010年12月13日发表于《贵大吟苑》，《中华诗词大辞典》收录。

[2] 作于2014年。2014年3月17日发表于《贵大吟苑》。

[3] 2013年6月17日发表于《贵大吟苑》。

[4] 作于 2012年。

鹧鸪天·甲午春节致亲家高恒安任雅丽

君住浦东我贵阳，音容笑貌久萦肠。心仪黄浦骄阳灿，亦乐黔山紫气扬。

久别后，每思量，亲家体健寿而康。花溪爽爽迎春到，十里河滩共赏芳。

2013 年 10 月，于新疆喀纳斯。

卷九

五洲揽胜

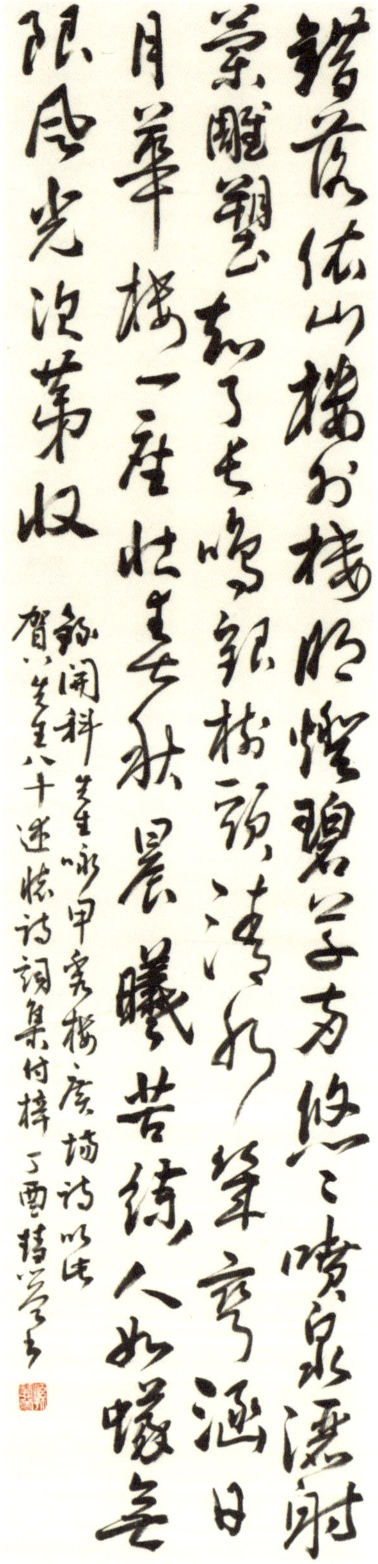

孙惠曾先生题《贵阳甲秀广场》。

贵阳甲秀广场[1]

错落依山楼外楼，明灯碧草两悠悠。
喷泉洒射兰雕塑，知了长鸣银树头。
清水几弯涵日月，华楼一座壮春秋。
晨曦苦练人如蚁，无限风光次第收。

湄潭好风光[2]

湄潭风景小花溪，重返故乡老眼迷。
幽岛临溪丹凤舞，巨壶踞岭旅人栖。
五桥倒影群鱼戏，四面茶林百鸟啼。
爽爽新村迎远客，竹篱茅舍品春荑。

游黄龙[3]

盆地艳阳风送爽，黄龙路上雪花扬。
青山失翠披白絮，海子生辉变玉浆。
革命丰碑云矗表，游人意气共鹰翔。
一年最是秋光好，决胜画图烟雨藏。

[1] 发表于《中华诗词》2012年第9期，2010年3月22日发表于《贵大吟苑》。

[2] 2011年9月12日发表于《贵大吟苑》，中华诗词学会《2012年度会员入会作品集》、《贵大吟苑诗词选》收录。湄潭系贵州北部一个县，湄江河穿城而过。湄江河畔旅游景点火焰山上有宾馆如一只巨型茶壶。

[3] 发表于《晚晴》2008年第2期，获2008和谐文化之旅全国诗词散文大赛二等奖并入选获奖作品集。

游九寨沟

眼观九寨树参天，绚丽湖光盆景滩。
百里山峦红染遍，空山寨落起炊烟。
千年古树眠湖底，五彩天池居半山。
胜景天生避暑地，欲思九寨度余年。

游荔波小七孔[1]

暂别喧嚣七孔行，俗尘离远满身轻。
青幽山水九沟美，热烈瑶歌万种情。
曲径漫游人戏水，浅滩细品树缠藤。
淙淙溪底鱼虾跃，处处密林虫鸟鸣。

游贵州千户苗寨

昔时深圳梦魂飞，今日苗乡众盼归。
千户吊楼布群岭，万家灯火放光辉。
芦笙长管人倾倒，服饰银光醉贵妃。
苗寨农家风景好，半山宾馆土鸡煨。

[1] 2012年4月2日发表于《贵大吟苑》。

黄山归来不看山

悬空博览三千尺，回望眼花万丈深。
深壑轰鸣猿恐怖，群峰叠翠鸟惊心。
云奔雾走波澜壮，壁缝奇松世界珍。
如火丹枫画图秀，纷披五彩似雕林。

游安徽宏村

中外游人潮水倾，百思难解看宏村。
汪家官大爱桑梓[1]，引水湖清为故邻。
户户家中泉涌涌，条条暗道水清清。
三年修好巾帼秀，四百年留生态群。[2]
十载浩劫它幸免，卅年开放喜迎春。
日流两万慕名客，古雅民风世界闻。

参观扬州个园联想[3]

堪叹千家血泪干，盐商暴利置庄园。
飞檐垂柱雕龙凤，居室镏金摆玉盘。
竹苑多姿莺对语，假山百态燕回还。
财经垄断民生苦，国库挖空自种田。

---

[1] 汪家在明朝官至“省部级”。

[2] 挖河、修湖由汪夫人主持，历时三年，被誉为巾帼丈夫。至今已有400余年。

[3] 2013年12月23日发表于《贵大吟苑》。

2010 年 10 月，登安徽黄山，并游宏村。

新疆行[1]

久慕天山秋色浓，凌空满目渡金峰。

千张画卷群峰顶，大漠无涯谜底宫。

碧海盈池林尽染，牛羊遍岭眼朦胧。

转场[2]迁徙气势大，古老新疆浪漫风。

游吐鲁番

新疆紫玉吐番甜，满目珍珠园里妍。

葡液一杯鲜口味，烤羊几串味天然。

忆北戴河度假趣事[3]

千里休闲北戴河，今朝回忆笑一箩。

窗摇竹影观潮涌，浪滚沙滩拾贝壳。

水性不高欺海浪，相机忘带影难合。

神州学友热信访，地址遗忘无奈何。

---

[1] 《松风诗选》收录。

[2] 转场：夏季，新疆图瓦人与哈萨克人一样，要赶着牛羊到水草丰美的夏牧场去，在那里搭起临时蒙古包；冬季来临前，又赶着牛羊骑着骆驼回家。

[3] 作于1988年7月–8月。1988年，到北戴河度假21天。

2013 年 10 月，于新疆阿勒泰布尔津白沙湖、五彩滩。

万只海鸥昆明翠湖越冬

二月春城花烂漫，海鸥逐浪舞蹁跹。

问君千里为何至，难忍一冬雪滚翻。

涉水跋山荆棘苦，和风暖日觅家园。

久闻候鸟南迁徙，今见翠湖万鸟欢。

三亚过春节

送旧迎新天使然，除夕千载故乡甜。

而今时尚迎新岁，海角天涯除旧年。

去载春节瑞雪舞，今朝热浪晒沙滩。

改革开放行囊满，东北西南任你欢。

游北部湾涠洲岛见闻

中国最美涠洲岛，世界著名火口山。

神秘残缺姿态美，经霜历雨色斑斓。

风光奇异客称赞，水果满园爽口甜。

银色沙滩空气好，宜人气候戏沙玩。

游南海高隆湾白沙海岸

白金海岸白沙滩，天满红霞景色妍。

海水浪翻红日照，椰林成带百花园。

宜人气候风光好，沐浴天然戏水玩。

心爽神怡竟忘返，六天游览醉隆湾。

游北海银滩见闻

北海银滩景色悠，旅人多彩尽情游。

层层银浪掀人起，细细白沙壅到喉。

沐浴阳光能补钙，新鲜空气胜珍馐。

南来北去多游客，往返流连意兴留。

泡南宁嘉和城温泉有感

游遍温泉嘉水美，有情有浪盐沙滩。

坚持常泡祛风湿，冲浪舒筋背不弯。

中药浸身通脉络，盐滩壅体可消炎。

内容丰富竟心醉，花海荡舟翁妪欢。

上：2009年10月，于广西北海涠洲岛。
下：2004 年春节，于海南三亚。

2009 年 10 月，于海南文昌宋氏祖居。

赏贵州百里杜鹃

久慕杜鹃闲事缠，暮春有兴赏花玩。
春风一笑花千树，花海多姿形万山。
深浅淡浓各有异，黄红白紫更斑斓。
欲燃娇艳红如火，凝望情深久不还。
满地堆红不忍睹，长留笑靥满心欢。
双双姐妹绘春景，各领风骚人世间。

游贵州地扪侗寨[1]

依山傍水吊脚楼，座座花桥景色幽。
户户粮仓泉上耸，家家牛栅水田头。
主人好客殷勤请，家犬热情盛意留。
母系留痕今尚在，民风古朴侗歌悠。

游贵州登岑侗寨[2]

寨南老树杜风尘，寨北绿荫枝盖门。
寨上青山如屋里，东家流水入西邻。
粮仓下面长流水，泉水上方花几盆。
别到上天寻物外，人间处处有新村。

[1] 发表于《晚晴》2007年第3期。

[2] 获2008和谐文化之旅全国诗词散文大赛二等奖并入选获奖作品集。

2007 年 10 月，于贵州黔东南雷山郎德苗寨。

参加贵州地扪生态博物馆篝火晚会

青山环抱景芳菲，月照地扪鸟半飞。
侗妹歌声山已静，侗哥琴奏鸟思回。
轻歌曼舞悠然步，美酒地红[1]好口碑。
朗月清风人耳语，几番欲去又徘徊。

游雷山郎德上寨[2]

金秋日暖减衣裳，曲径繁花处处香。
一水环流松柏翠，二桥横跨旅商忙。
芦笙畅奏千秋史，服饰惧摇万缕光。
奥运朗德传圣火，蜚声世界美名扬。

游镇远青龙洞[3]

一

古迹琳琅镇远悠，秦昭建府两千秋。
兵争云贵咽喉地，丝运南国商路喉。
街道歪门财不露，巷深径曲下难偷。
古城镶嵌舞阳畔，水绕山环梦魂勾。

---

[1] 地红：地扪侗寨自酿的杨梅酒“地扪红”，清香爽口。

[2] 2009年3月23日发表于《贵大吟苑》，《贵大吟苑诗词选》收录。

[3] 作于2007年10月。

二

青山傍水沧桑老，鬼斧神工半壁悠。
古木参天藤绕树，飞檐琉瓦树栖鸥。
两朝文物珠帘耀，三教殿高文化留。
罕见明清古建筑，悬崖一壁壮春秋。

十月黄金周去镇远回贵阳路上[1]

气爽天高清水江，层林尽染稻谷黄。
河清水浅鱼虾跃，草垛馨香童稚藏。
田野风光任嬉戏，渚清沙白不思乡。
农村处处无烦恼，苗寨温泉洗累伤。

参观茅台国酒文化城有感

玉液琼浆历史长，猿人果味久留芳。
神州代代有发展，领袖杯杯待国王。
杜甫李白诗百首，庶民百姓饮千觞。
健身活血天天乐，醉酒开车刻刻防。

[1] 作于2007年10月。

观贵州龙里大草原[1]

龙里草原高万仞，盘山公路绕云间。
杜鹃吐艳香千里，骏马奔腾乐九天。
难忘稚驹跟母走，担心儿女几回还。
如茵草地天然美，野放家牛各自还。

古屯堡文化

驱车百里进屯堡，独路山埡到客家。
古朴服装今尚在，长衣束带网头发。
神奇古寺深山隐，美味佳肴腊肉夸。
重道尊师抒壮志，呕心沥血育奇葩。

游贵阳天河潭

满目青山野草香，抛珠瀑布浸肌凉。
蝴蝶百态游人戏，钟乳千姿溶洞藏。
山色湖光留倩影，多情水磨变沧桑。
稚童陶醉修篁里，女客痴迷烤鱼香。

[1] 2013年2月1日发表于《贵州日报》。

2007 年春，于贵州安顺云山屯。

游西双版纳神奇的葫芦岛

罗梭江绕葫芦岛，热带雨林任剪裁。
异木绞杀植物斗，奇花变态彩蝶来。
姜科不喜近亲爱，花柱曲弯任你猜。
酸味变甜神秘果，箭毒木液御狼豺。
王莲盘叶承重大，游客作舟奋力开。
痒痒紫薇枝干美，脉筋挺挺景盆材。
风流草爱情歌手，勤奋美登治癌豺。
鸟语花香争艳丽，彝哥傣妹舞台台。

游西双版纳曼听公园

版纳曼听历史悠，一千三百古风稠。
槟榔椰树婆娑蹈，哨哩猫哆[1]款步柔。
爱民竹竿夹脚舞，狂欢篝火庆丰收。
雨林红叶花千样，古老民风誉五洲。

观西双版纳大象表演

大象体庞它不傻，高超演技赞声夸。
接钱买果回收袋，巧鼻灵活无误差。
肩倒立行三脚走，造型逼雅几枝花。
歌厅乐起象群舞，款步悠悠舞蹈家。

[1] 傣语中，男生称“猫哆哩”，女生称“哨哆哩”。

赏西双版纳野象谷美景

架空曲径通幽处，雾锁缆车山半腰。
古木参天藤绕树，青山联袂水穿桥。
猿啼虎啸羚羊走，野象虫鸣孔雀娇。
奇草异花多美景，新鲜空气少疲劳。

观西双版纳绿色绞杀有赋

世间暗斗频频听，植界残杀首次闻。
蝉噪鸟鸣山愈静，榕杀椰树悄无声。
鸟携种子他枝上，寄主萌发又勒魂。
根恨交叉包勒紧，主缺营养命归阴。
血腥掠夺无辜命，取而代之残暴行。
植物竞争生死斗，绞杀巨树我惊心。

观西双版纳古朴民风傣家情

热带雨林翁妪艳，猫哆哨哩傣家情。
一脱二摸民风古，三代一屋和睦亲。
生女宰猪庆好运，生男重礼置妆裙。
木楼吊脚独梯上，淑女苗条迎外宾。

旖旎花溪

一

花溪美景细寻芳，景绣成堆似画廊。

蛇岭龟山惊步履，坝桥翁妪喜如狂。

麟山倒影鸽桥美，柳絮林阴隐钓郎。

旖旎风光游客赞，苗歌彝舞赛新疆。

二

旖旎风光览大川，明珠多彩更天然。

山如盆景姿千态，湖似玉缸景万千。

老树新枝鱼鸟戏，奇花异草舞翩跹。

清波荡漾神仙画，孔府半山文化园。

闹市中的黔灵山公园

山藏古寺添幽静，风动苍松亦自然。

猴子满山时入道，游人和气大联欢。

浓荫满地清风雅，古木穿空气象轩。

鸟语花香披锦绣，贵阳爽爽胜瑶天。

游贵州黔西南[1]

久闻兴义有奇观，八月骄阳尽兴玩。
座望峡谷一壁画，仰观绝顶几飞泉。
万峰[2]妩媚棋盘布，彝舞千姿生态园。
双乳[3]别真情浪漫，荷塘无际色天然。
驱车饱览三江口，清早雾浓睹日难。
醉倒名山尝小吃，老夫挥笔颂西南。

游贵阳黔灵山弘福寺

弘福漫步星初落，旭日东升人似蜂。
古树苍苍直上岭，陵园正气荡云空。
华堂宝殿燃香火，盘腿高僧默诵功。
景秀迷人人已醉，猢狲戏客客趣浓。

游遵义凤冈茶海[4]

万亩茶山间桂花，青山联袂育奇葩。
清香四溢蝶蜂舞，翠绿千坡野菌夹。
科技灭虫污染少，有机肥料古方法。
休闲度假神仙日，细品锌硒诗兴发。

---

[1] 《松风诗选》收录。

[2] 万峰：黔西南州兴义市万峰林。

[3] 双乳：黔西南州贞丰县双乳峰。

[4] 遵义市凤冈县田坝村土壤含锌硒元素，出产中国仅有的锌硒茶，极具养生功效。

贵大雪。

上：2012 年 8 月，于贵州兴义万峰林。
下：2014 年 7 月，于贵州赤水十丈洞瀑布。

乘高铁览多彩贵州美景

十里崎岖十里平，一峰才送一峰迎。
山隔千壑桥连洞，水堵铁龙河架桁。
似茧青山将路裹，如歌岁月画中行。
万峰双乳天然美[1]，千户苗家银饰城。

游赤水十丈洞瀑布[2]

夏日炎炎似火烧，青山竹海暑难消。
仰观瀑布当空挂，敞地微风凉气漂。
十丈垂帘能制冷，四时雾雨盖头浇。
瑶池美景人间有，地貌丹霞赤水娇。

登梵净山金顶[3]

久有攀高志，耄耋勇敢登。
天梯悬绝壁，铁链镇惊魂。
雨霁观虹丽，谷深览彩云。
蘑菇金顶美，墨客放声吟。

[1] 万峰：万峰林。双乳：双乳峰。

[2] 《松风诗选》收录。

[3] 作于2015年8月。

杉木河漂流[1]

漂流赏景戏珍珠，两岸奇峰似画图。
三代同船千里会，一家友爱万年福。
险滩怪石重重困，激浪漩涡处处伏。
五个小时情不尽，八十体健已知足。

旅游印象[2]

此次旅游印象深，孙孙处处有新闻。
安全确保先开道，敬老虔诚费苦辛。
绝壁胆寒她送暖，惊魂镇住汝安神。
蘑菇金顶风光好，感动诗心词里魂。

[1] 作于2015年8月。

[2] 作于2015年8月。小孙女高声远时年9岁，安全意识特别强，跋山涉水均提醒老人注意安全，攀登梵净山金顶时，还替婆婆背包。一中年男士恐高思退，她鼓励安慰，助其顺利登顶。

2015年8月，八秩高龄漂流贵州施秉杉木河后又登铜仁梵净山金顶。

2010年上海世博会感叹

世博上海巧安排，二百四十细剪裁[1]。
建筑千奇鬼斧造，皮肤几色齿牙白。
民风万种真情涌，服饰五洲盈舞台。
社会和谐真善美，腰腿不便上车来。
九衢花眼疑无路，八面路标指示牌[2]。
购票长龙披月起，畅通绿道为君开。
高温拥挤咽干燥，自取清泉润口腮[3]。
夏日炎炎热浪滚，凉蓬个个冷风排[4]。
垃圾入桶分开放，纸屑随拾理应该。
拉撒吃喝惹苦恼，卫生公厕倍关怀。
安全保护得民意，不见游人失币财。
可敬可尊志愿者，无私无畏备关怀。
日流百万谈何易，应对千方显大才[5]。
世界宾朋翘首赞，中国黎庶笑颜开。

---

[1] 2010年上海世界博览会共240个国家参展。

[2] 上海世博园设有公交专线通往四面八方。

[3] 世博园四处都设有直接饮水机。

[4] 世界博览会期间最高温度达41℃，一般都在35℃。

[5] 据统计，世界博览会期间游客日流量最高为103.5万。

参观上海世博会中国馆

世博盛会弄时潮，欲与五洲试比高。
华夏木楼红色染，民风古物品佳肴。
人流拥挤长蛇阵，半夜闻鸡购票熬。
不看中国馆遗憾，延期半载虑才消。
老夫有幸看国馆，翘首游人赞舜尧。
四大发明科技灿，长城内外百花娇。
清明上河图出现，古史中国任赶超。
展馆浦江星落布，中国独秀领风骚。

参观上海世博会各外国馆有赋

沙特馆

半圆展馆上植林，椰树参天惹贵宾。
半夜闻鸡披月起，万家灯火晓星沉。
通宵排队十时半[1]，哈欠连声疲倦人。
管道沙滩观油涌，心情愉快赋诗吟。

英国馆

远观雾里像毛球，近看万根玻管柔。
科技助他展馆美，英国有意创新修。
革新工业由他始，影响全球誉五洲。
不见高楼平地起，只留文化古风稠。

---

[1] 上海世界博览会除中国馆外沙特馆最热，排队购票一般须11个小时以上，即便走绿色通道，排队亦需4小时。

2010 年 10 月，与声远于上海世博园中国馆及沙特馆。

西班牙馆

西班牙馆独一家，野岭青藤万块搭。

罗汉一蹲迎客笑，最新科技机器娃。

俄罗斯馆

俄罗斯馆喇叭花，绿树青山满目花。

遍野葵菇科技馆，难分真假览奇葩。

法国馆

绿色展厅满目新，悬空绿柱地无根。

喷泉镶绿游人醉，无害林荫科技春。

卢森堡馆

地板花台全用钢，玲珑展馆小而昂。

袖珍王国人气旺，人说一枪可出疆。

日本馆

无座站观一小时，四肢麻木思退离。

朱鹮故事穿肠过，机器[1]拉琴可着迷。

泰国芭提雅游感

碧海蓝天烟雨楼，椰风老树送温柔。

灯红面笑戏游客，酒绿接招别墅头。

难辨人妖真与假，休观男女演风流。

芭提文化不提雅，腼腆桃腮可怕羞。

[1] 机器：机器人。

2004年，于泰国。

旅欧观感[1]

满目青山景色妍，领先科技果瓜甜。

车行万里脑收费，超市无人自买单。

不尽高楼平地起，只留古迹世人瞻。

花多少见人耕地，缩小城乡梦已圆。

[1] 旅欧时间为2011年9月20日—10月5日。

欧洲旅游气恼人

天价旅游一览收，升空还要索千欧[1]。

猛男奋起金箍棒，怒女[2]看风缓计谋。

瑞士风光生态美，航商逼债怨声稠。

巴黎住宿凄风苦，使馆扬鞭女导愁。[3]

俭用半生酬壮志，敲人一路恼心头。

导游宰客我深信，翁妪久煎热汗流。

乘意大利歌诗达赛琳娜号邮轮旅日不遂有赋[4]

鬼子讨嫌不想光，宽容大度说邻邦。

“苏拉”怒卷千层浪，白雪愤添万堵墙。

风起邮轮大摇摆，原[5]轰广岛怪豺狼。

四千游客愁难锁，五日孤帆思故乡。

---

[1] 千欧：1000欧元。

[2] 怒女：女导游。

[3] 此两句讲导游在法国巴黎停止贵州游客住宿，中国驻法使馆打电话要求纠正。

[4] 意大利歌诗达赛琳娜号邮轮满载我夫妇二人与长女谢萍一家等四千游客旅日，因遇“苏拉”台风不能靠岸，在海上漂流五天返程。

[5] 原：原子弹。

2017 年 11 月，在意大利歌诗达赛琳娜邮轮上遥望日本。

游世界水城威尼斯[1]

魂牵梦绕威尼觅，还是青年书海时。
小岛千姿翁妪醉，桥梁百态月星痴。
运河交错千般样，水港蜿蜒五彩池。
世界水城如画卷，天然美景尽藏之。

威尼斯见闻

水巷小街景色幽，水城真在海中游。
汽车不见舟船涌，魅力威尼魂梦勾。

---

[1] 威尼斯由118个小岛及177条纵横交错的运河组成，400多座桥梁横跨其上。它是世界上唯一的水城，城市交通全靠各种水上船艇，以船代车。

游瑞士见闻

国有资源民共享，天堂是否降人间[1]。
城乡无别花如海，男女丰衣乐似仙[2]。
户户轿车停别墅，家家异地赏千山。
国家体制委员会，元首废除民享权[3]。

我眼中的瑞士农村

登山滑雪览风光，舍去风光访瑞乡。
绿草茵茵花似海，洋房栋栋树遮阳。
城乡一体富和美，百姓难分农与商。
天上人间吾不辨，农村城市比芬芳。

游梵蒂冈[4]

慕名来到梵蒂冈，国界无兵砖为墙。
权贵无踪国界小，神职人士理国纲。
俱全肝胆无军队，托管外交不设防。
世界教堂它最大，无忧无虑是天堂。

[1] 瑞士人口780万，世界上33%的私人存款存于瑞士银行。每人每月收入少于2100瑞士法郎被视为穷人，一个有3个孩子的家庭月净收入少于4000瑞士法郎属贫困家庭。

[2] 瑞士是世界上最长寿的国家之一，男性平均80岁、女性平均85岁。

[3] 瑞士没有总理和国家元首，政府最高机构是联邦委员会，作为法定的联合领导形式，七委员享有同等权利。

[4] 梵蒂冈是世界上最小的国家，国土面积0.44平方公里，号称城中之国，却有世界上最大的教堂。无常住人口，由神职人员管理国家，最多时1000人、最少时300人。除不设军队外，国家职能俱全，外交委托意大利代办。

观乐山大佛

稳坐三江睹逝川，几多风雨看船翻。
问君修的哪家术，不倒原来有靠山。

花溪（五首）

十里河滩

上天造物太天然，赐予花溪珠满川。
桥四山三牛角岛，清波十里景盆滩。

花溪山水[1]

绮丽花溪谁剪裁，清流绿树万芳开。
欲迁百步桥头住，明月熏风入梦来。

花溪放鸽桥

明镜花溪轻荡舟，千姿百态彩云悠。
春光最美鸽桥处，鱼在麟山树上游。

花溪河

江到花溪水最清，麟山景物水中生。
分明看见麟山顶，船在麟山顶上行。

[1] 2009年3月23日发表于《贵大吟苑》。

上：于贵阳花溪河畔。
下：2004 年春节，于海南三亚天涯海角。

答游人

花溪何处觅，林海绿流中。
春夏游人醉，明珠花正红。

暴雨中全家游黄果树瀑布[1]

曾记当年黄果树，雷轰风烈雨中人。
水晶帘外千堆雪，疑是银河落玉盆。

夜游黄浦江[2]

春风吹皱浦江波，三辈同舟笑语多。
醉客不知天外水，满川碧浪落星河。

住广州碧水湾温泉度假村有赋[3]

情涌山欢问好音，犹如家里度新春。
幽林处处花含笑，碧水时时情动人。

---

[1] 2009年9月7日发表于《贵大吟苑》，《建国六十周年中华诗词国庆献礼》《贵大吟苑诗词选》收录。

[2] 2010年12月13日发表于《贵大吟苑》。

[3] 2015年，与家人在广州碧水湾温泉度假村过春节，真正体会到宾至如归，服务员默默地将我们穿过的袜子洗了晾干，将我们未吃完的食品封口保鲜。全家非常感动，特赋此诗对谢如冰、夏燕春两位服务员表示谢意。

分别于广州越秀山、安徽黄山和新疆吐鲁番坎儿井、交河故城。

游新疆坎儿井

掘井成渠汉代传，潺潺流水润桑田。
游君最喜今朝事，满架葡萄瓜果鲜。

参观新疆葡萄干晾房

千窗百孔砌成墙，串串珍珠挂满房。
借得秋风三月后，金黄翠绿味清香。

登黄山西海大峡谷（二首）

一[1]

叠嶂重峦万壑中，笔峰险径绕云空。
千年绝壁猿愁度，万幸老夫能赏松。

二

万壑千峰观绝壁，飞云破雾踏天梯。
危亭攀上昂头望，胆战心惊寸步移。

参观德国法兰克福女神有赋

神象欣观数百尊，老翁最爱法兰神。
手持利剑张公理，一把天平表圣心。

[1] 2011年3月14日发表于《贵大吟苑》。

2017 年 10 月，与长女谢萍一家在意大利歌诗达赛琳娜邮轮上。

快乐的邮轮旅游

曼舞轻歌览海疆，浪花飞滚映朝阳。

多元饮食舌尖美，甲板狂风摄影忙。

菩萨蛮·神奇九寨沟

谁拿五彩当空撒？层林尽染神仙画。十月好风光，九沟千里黄。

深山千载树，万树眠湖古，百怪景盆滩，彩湖金色般。

西江月·贵州西江千户苗寨[1]

户对青山郁翠，眼观玉宇琼楼。芦笙苗舞伴君游，醉品苗家米酒。

夜宿半山宾馆，几山灯火蛙讴。银服饰帽闪悠悠，美梦苗山做够。

忆江南·贵州西江千户苗寨[2]

苗寨美，最美是青山。千户楼阁直上岭，万家灯火点群山。能不慕苗山。

[1] 《中华诗词大辞典》收录。

[2] 2009年3月23日发表于《贵大吟苑》。

“开科是个忠诚勤奋、不事张扬的人，但他内心的感情世界却是万紫千红，丰富得很。”2015 年春节，于广东从化温泉。

行香子·春游贵州西江千户苗寨

晨伴曦光，暮宿西江。倚东风，桃李芬芳。马龙车水，游客八方。半山宾馆，鲜空气，梦苗乡。

苗家千户，绝版珍藏。依山岭，吊脚楼房，星光闪烁，灯映山岗。曼舞轻歌，芦笙奏，醉苗装。

忆江南·花溪好

花溪好，舞蹈侗歌乡。翠柏苍松杨柳岸，夏凉冬暖赛苏杭。能不梦天堂。

于广东从化温泉。

行香子·广州碧水湾温泉度假村过春节[1]

一路幽芳，洒满春光。火龙果，车内飘香。桃源别墅，碧水波光。有龙狮舞，礼花响，游人狂。

修身宝地，养性天堂。贵妃醉，冲浪犹狂。鱼游浅底，抚脚疗伤。有西施笑，温馨送，久回肠。

[1] 作于2015年。

卷十 家史春秋

上：千禧年春节合家欢。
下：2015 年 7 月合家欢。

客 居[1]

花溪堪慰老，无意再寻春。
十里河滩绿，数盆花卉馨。
赛场强体魄，墨海润诗心。
爽爽宜居地，和谐万户亲。

我的家[2]

楼台倒影映朝霞，小院繁花香满家。
燕语莺啼惊晓梦，开轩雾露览芳华。
吟诗作对讴盛世，绘画养花醉晚霞。
儿女关心孙可爱，妪翁盛世乐无涯。

人生感语

一生匹马独孤鞍，泪湿青衫由他干。
金榜题名暗暗去，囊空如洗淡淡天。
鬓边白雪随风长，寒舍儿孙梦自圆。
寂寞江山谁作伴，满园桃李不孤单。

---

[1] 2012年9月3日发表于《贵大吟苑》。

[2] 2008年10月13日发表于《贵大吟苑》。

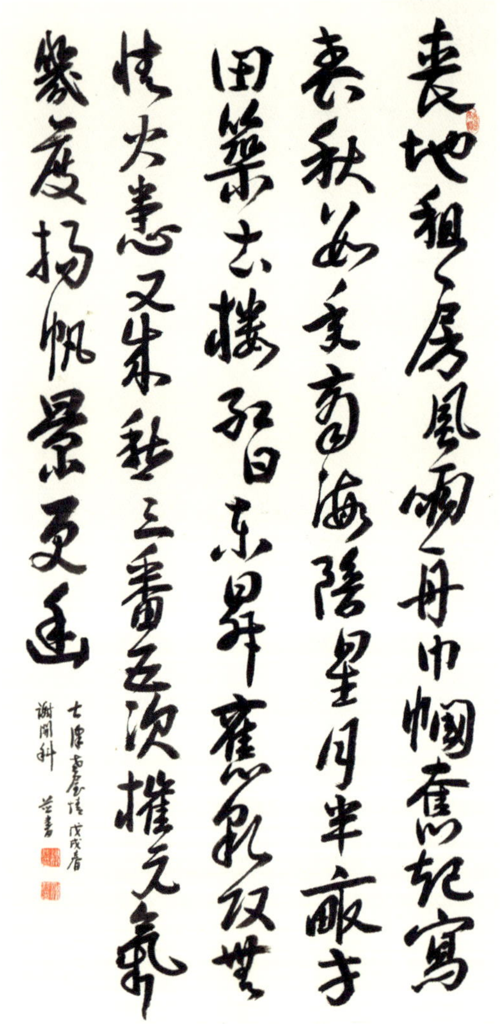

上：夕阳下的遵义播州谢家老屋。
下：戊戌春手书《老屋情》。

老屋情

丧地租房风雨舟，巾帼奋起写春秋。
数年商海陪星月，半亩方田筑土楼。
红日东升旧貌改，无情火患又成愁。
三番五次摧元气，几度扬帆景更幽。

晚年生活

一

晚年余日贵如金，万事糊涂不认真。
名利淡薄寻物外，修身养性品诗文。
太极慢运荡心肺，柔力[1]急旋动骨筋。
博览世间山与水，关心儿女懒和勤。

二

独楼一栋隐林荫，鸟语花香喜鹊临。
翰墨养心情调雅，诗词逸趣品格纯。
羽球滚网欢声起，游泳曲伸氧气吞。
时伴孙孙穿野径，常游书海看风云。

[1] 柔力：柔力球。

八旬上老年大学

三尺讲台才下鞍，黉门又进乐陶然。
披星诗海三更起，戴月词林半夜寒。
圣教兰亭书作伴，青山绿水画当船。
梦圆含笑天伦乐，爱洒余辉已忘年。

重回小学校园

步入黉门情已深，遍寻旧事有酸心。
苍松翠柏今何在，龙井秋千无故人。
规范校园巧布阵，师生圆梦乐争春。
百年老树枝繁茂，桃李满天喜气盈。

闻老屋宅基地归民建校有赋

茅舍中堂情似海，红军住过备关怀。
蒋帮兵败金圆贬，恶霸乘机纸币裁。
钞票抵银田土尽，立锥无地百姓哀。
今朝建校宅基地，老朽闻音笑满腮。

2017 年清明回乡，于幼时就读的马蹄小学。

人生三部曲

（一）遵义情[1]

湘江龙井[2]伴韶华，阔别六十还梦他。

迈向人生起跑线，功高慈母未酬答。

孩提梦幻千般样，岁月流金万朵霞。

旧友今朝存几许，乡情满纸夜思家。

[1] 2014年6月9日发表于《贵大吟苑》。

[2] 湘江：纵贯遵义市区的湘江河，1950年参加工作和高考复习均在湘江河畔。龙井：幼时所读小学旁的泉水井，在遵义市播州区马蹄镇。

（二）湄潭爱[1]

湄潭十载苦争春，蜀道漫长磨杵针。
陋室常思酬壮志，家寒不可少精神。
穿衣求暖宜粗食，智力投资岂吝金。
已度浩劫得解放，还经灾难保全身。
家仇国恨王江[2]倒，开放改革翁妪欣。
不诉当年儿女苦，却谋壮志报国心。

（三）贵阳圆

复兴翰墨谈何易，三代同耕汗透衫。
大爱巾帼心血洒，薄薪育子胆肝捐。
寒窗苦读天侵晓，勤政为民月落山。
晚景桑榆逢盛世，儿优女秀度尧天。

六十述怀

花甲光阴步步催，无情岁月去如飞。
为民不计吟诗苦，报效常思泼墨微。
意在清心酬壮志，情钟桃李洒余辉。
劝君莫问工薪事，无沃无车好减肥。

[1] 1963年–1975年先后在湄潭一中任教、湄潭三中任校长，达12年之久。

[2] 王江：王洪文、江青。

“同看清辉圆缺，共尝人世酸甜。”分别于四川青城山、贵阳青岩古镇。

八秩述怀（四首）[1]

一

逝去流年霜染鬓，几经风雨入遐龄。
才疏有意披星斗，智短无心妒月明。
回首征途不遗憾，观瞻坦道有前程。
夕阳喜做复兴梦，璀璨余辉盛世迎。

二

八秩光阴感慨多，一生风雨漫蹉跎。
寒家子弟千滴泪，月岁流经几处波。
难遇夕阳无限好，乘着骏马奋登坡。
吟诗泼墨抒心志，笑语欢声舞羽戈。

三

八十耄志未消沉，画意诗书寄意深。
回首难熬途百曲，登高不惧岭千寻。
因怜家产毁烟雾，愿抱丹葵向日心。
每到闻鸡即起舞，珍惜盛世苦争春。

四

人到八十稀不稀，春风满面少年儿。
童心十岁书山跃，活力一囊诗海迷。
扣杀羽球猛似虎，攀登险径快如骐。
友朋聚会东西跑，览胜旅游四海愉。

[1] 2014年6月9日发表于《贵大吟苑》。

蓝宝石婚感赋[1]

风雨四十五夏秋，劝君莫问乐和愁。
忧愁漫漫随云去，欢乐渐渐喜心头。
笑语歌声飘万里，吟诗作对颂神州。
多情休说今难见，晚景桑榆乐似鸥。

金婚忆合影[2]

半纪相依乐与愁，放鸽桥上话方舟。
重温合影言犹耳，不意青丝霜染头。
柴米油盐悲喜日，酸甜苦辣雨风楼。
白发难使回天力，晚景却能情义留。

圆梦赠侄孙谢露共勉

共筑中国梦，同圆翰墨庭。
治家勤为本，教子孝先行。

谢氏门中巾帼丈夫

谢氏媳妇绩可骄，中流砥柱领风骚。
明芬[3]垂范娥仙[4]继，两代巾帼正气旄。

---

[1] 《建国六十周年中华诗词国庆献礼》收录。

[2] 《松风诗选》收录。

[3] 明芬：母亲王明芬，在极端困难的条件下撑起一个家，奠定了复兴谢氏家族书香门第的基础。

[4] 娥仙：郑娥仙（侄儿谢崇明之妻、侄孙谢露之母），在侄儿早逝后勇敢地撑起一个家，将三个孩子抚养成人。谨以此诗表示感谢。

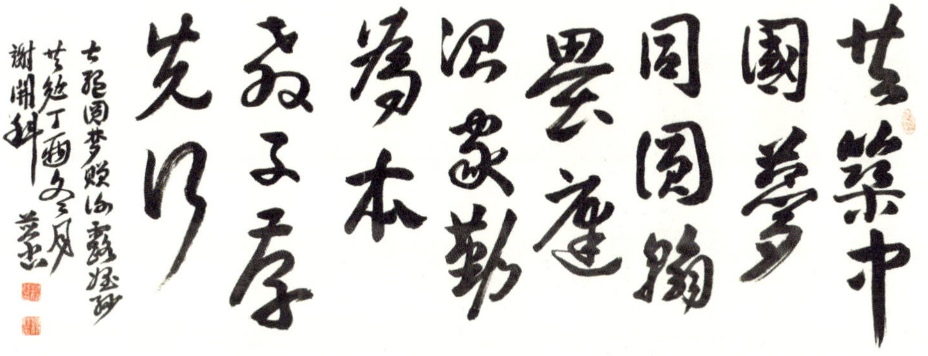

一剪梅·七五感怀

风雨七旬单五秋，一路飘摇，浪里行舟。升沉荣辱付东流，晚景桑榆，喜获丰收。

莫怕风霜白了头，白了何妨？白又何愁！敢将暮景挽回头，伴羽毛球，诗海遨游。

破阵子·金婚回眸[1]

未有山盟海誓，曾经月下花前。共挽鹿车风与雨，蹄奋黉门苦与甜。回眸五十年。

同看清辉圆缺，共尝人世酸甜。总把薄薪酬壮志，桃李芳菲春满园。何愁白发添。

---

[1] 2014年3月17日发表于《贵大吟苑》。1964年4月24日结婚，至2014年4月24日为金婚。

2011 年 10 月，旅欧于瑞士。

鹧鸪天·金婚喜迎中国梦[1]

岁月流金五秩秋，几多欢乐几多愁。虽无奇迹泽民社，喜有诗词共友讴。

春已去，爱长留，包容理解乐悠悠。为圆当日中国梦，戴月披星重起头。

[1] 2014年4月24日发表于《贵大吟苑》，《松风诗选》收录。

百年家史几处泪[1]

——纪念母亲诞辰一〇四周年逝世四十周年而作

谢氏祖籍今何在？四川阳县梨树湾。

书香门第四合院，美土良田值万钱。

瘟疫流行阴风惨，半数为鬼人心寒。

绿水青山留不住，登都[2]将子离故园。

人曰贵州遵义好，黔北处处米粮川。

高粱玉米好酿酒，生意兴隆置土田。

通货膨胀币值贬，豪绅仗势逞疯狂。

巧取豪夺敲骨髓，百石田土改姓王。

父亲危时染毒瘾，雪上加霜路渺茫。

立锥无地租房住，入不敷出闹饥荒。

逼债房东催欠款，敲门保长索皇粮。

烟花爆竹冲天响，无米下锅饥肚肠。

世态炎凉人心冷，何处亲朋相扶将。

家庭出路今何在？独坐无言泪望娘。

“危如累卵”室将倾，力挽狂澜老母亲。

卷地北风吹不倒，霜欺雪压更精神。

养家糊口做生意，尽日经年风雨奔。

---

[1] 谢氏字辈：启大若有得　登廷定开祥　仕庆怀忠信　家长乐正良。

[2] 登都：曾祖父谢登都，他与曾祖母用箩筐挑着儿子谢庭举（祖父）和女儿（姑婆），从四川避瘟疫到遵义发展酿酒业。

尝遍人间甘与苦，看穿世上假和真。

十年商海路漫漫，柳暗花明又一春。

缩衣节食有余钱，置业建房生活殷。

呜呼！

家当方兴火灾降，百万家业化尘烟。

祸不单行母染病，缠身绝症泪流干。

“文革”家务两把锁，尽孝报国难两全。

慈母成仙没送葬，儿心内疚年复年[1]。

家逢盛世好梦圆，人遇清平诗韵浓。

开放改革国运好，腾飞经济庶民逢。

书香翰墨圆新梦，教授专家尽责忠。

个个孙孙思奋进，宵衣旰食志无穷。

百年家史千滴泪，牢记复兴四代功[2]。

参加贵州遵义谢氏家族马家湾聚会有赋[3]

百载腥风孤雁寻，今朝聚会手足亲。

弟兄姐妹情如故，门第书香启后昆。

---

[1] 老母病重期间，我任湄潭三中校长，被造反派夺权，又正值“革委会”成立，难以抽身，竟未能为母送葬，十分内疚。

[2]四代：一代，王明芬、谢定舟；二代，谢开举、谢开选、谢开科；三代，谢萍、谢念、谢毅；四代，张岱青、谢知劼、高声远、谢冠磊。

[3] 2018年8月25日（农历七月十五日）于马家湾作。

家庭珍藏

1978 年、1980 年，于贵阳花溪公园。

人生回忆

◎ 谢开科

人生需要回忆、回忆过去。过去的成功，可以给我们激励，激励我们继续前行；过去的失败，可以给我们教训，帮助我们不断改进；过去的空白，则是对我们奋发的鞭策，空白，也将因之有望得到补偿……

一、避瘟疫与家族衰落

我祖籍四川资州阳县高儿场梨树湾（今属内江市资中县）。祖上家境富裕，书香门第。后遇瘟疫流行，许多乡亲闭门合家而亡。为避瘟疫，曾祖父谢登都与曾祖母用箩筐挑着祖父谢廷举和姑婆，一路逃至贵州遵义马蹄镇太平场经营酒业生意，并用四川老家带来的银子当了地主王明超家几十亩田土。

尽管遭此变故，家境尚属殷实，但祖父去世后，父亲谢定舟不幸染食鸦片，最终耗尽家财。加之，国民党统治后期货币贬值，家里用银子当的那几十亩田土，被王姓地主仗势用金圆券取回，据祖母和母亲讲，得到的金圆券只能买几匹土布。家财耗尽，又丧失了赖以生存的土地，全家被迫搬到马蹄镇街上租房居住，家道从此衰落。1950年土改时，按解放前三年家庭主要生活来源划定为贫农成份。

在极端困难的条件下，是母亲王明芬含辛茹苦独力支撑，靠做小生意糊口，把这个家维持下来。解放前夕，节衣缩食，除必要开支外，尚有少许余钱，一部分用来购地建房居住，另一部分借给一破产地主家，土改时被以旧家具抵还。

二、奋发图强自学考入大学

家庭经济的极端困难，反而激发了我图强的意志。我自幼好学，小学一年级因成绩优异，学校决定让我直接跳到三年级。这样，我用五年时间完成了小学六年的课程，又自学完成了中学课程。

1957年，在国务院压缩高校招生指标的情况下，我考取贵阳师范学院（今贵州师范大学），并以优异的成绩于1961年毕业。时值国民经济调整，大学毕业生一律下基层，我被分配在黔南师范学校，后调湄潭一中任教，再调湄潭三中任校长。因大学成绩位居年级前列，于1975年调贵州大学任教。

三、从严治家文化为本

我是教师，学教育、办教育。1961年大学毕业，1964年即任湄潭三中校长。我从严治校，校风、校纪、学风、师德、业绩等，都在县内各中学名列前茅，深得群众和各级领导部门好评与肯定。湄潭县教育局为此还开了现场会，向学校颁授奖旗。

我的治校理念延续了我的治家理念。我对子女严格要求，工作之余几乎全用在对子女的教育和管理上。子女在校的情况我了如指掌，连子女在课堂上发几次言都要掌握，晚回家几分钟也会被严厉追问。爱人也是做教

2012 年 7 月，于贵阳六广门多乎斋。

师的，对子女要求同样十分严格。一次，她守学生晚自习，回家已经十点过了，检查儿子作业发现有撕作业本的现象，立即大动肝火掀开被子，把儿子从熟睡中叫醒严加教训。

对别人的严格要求，我总是从对自己、对自己子女的严格要求做起。我担任过贵州大学附中儿子所在班的历史课教师，有次上课，儿子忘了带课本，立即被我当众要求回家取来课本方得以重入课堂。

“近墨者黑，近朱者赤”“物以类聚，人以群分”，不仅在学习上，我和爱人在为人处事、交朋结友等方面一样严格要求子女，以免其沾上陋习。“人无恒不可做巫医”，我还教育子女必须要有恒心，做任何事情都必须善始善终，决不能半途而废。

当然，放到今天，上述一切严字当头的教育方法是否妥当，可以供人斟酌、研究。

我们抚育子女的年代，国家比较困难，家庭经济拮据，但对子女的智力投入，我们却不吝啬。改革开放之初，我与爱人的工资加起来一月还不到100元，为支持子女学英语却买了一个450元的日本进口三洋牌收录机。

四、圆梦诗书画人生

在我看来，诗书画人生是读书人的最高追求，但退休前根本不敢奢望。退休后，随着条件渐备，我开始系统学习诗词。

在学习诗词的道路上，我喜遇冯泽老先生的高质量讲授，受他影响入门，就有出一本诗词集的想法。冯老的具体帮助指导，使我得以完成拙作的编辑出版事宜。这些年，我的诗词散见各种报刊和作品集，得到诗词界关注，常有来函约稿或授予奖项、荣誉职务。

我深知，有稿约，有奖项、荣誉，并不能表明我的诗词作品已经达到什么高水平，而所谓的奖项或荣誉，大多数也无非是一些人的敛财之道。不过，这至少可以从某个角度折射，学诗词，我取得了一些微不足道的小成绩。

学诗词有了一定基础，我接着习书法，几年来亦颇有乐趣，已有自撰的《无争无怨亦无愁》《愤讨倭寇》两首绝句书法作品参加第四届贵州“福彩杯”老年文化艺术节书法、绘画、摄影、诗词、楹联展，以及贵州省纪念抗日战争胜利70周年书法、绘画、摄影、诗词展，并收入作品集正式出版。为了完成诗书画人生，我又已经学画，打算在诗词集问世后，再出一册诗书画专辑。

五、完成复兴书香门第的家庭梦

避瘟疫由川入黔前，谢家是一个有文化的家庭。家庭经济的衰落使这个家庭丧失了对子女进行智力投资的经济基础。大哥开举小学未毕业，二哥开选也没有读几天书。谢家在文化上沦落了。

由于我和爱人都很重视对子女的教育培养，更主要是子女的努力，谢家终于重新实现文化翻身，初步完成了复兴书香门第的家庭梦。

我是贵阳师范学院毕业（今贵州师范大学），贵州大学教师，正处级干部。

长女谢萍，云南大学硕士，执教于贵州大学，在教师岗位上干得有声有色并成长为知名的管理心理学专家。作为教师，她的课深受学生喜欢，荣获“中国成人教育‘百名优秀教师’”称号；作为国家高级企业培训师，她的培训课程受到省内外社会各界的好评；关注留守儿童，热心公益，受邀参加国家教育部“名师送教下乡”活动，被收入贵州省社会教育专家库。在她的倾心培养下，2016年长孙女张岱青以优异的成绩考进上海财经大学。

儿子谢念，武汉大学博士，高级记者，现任贵州省委宣传部副部长、省委群众工作委员会副书记、省委网信办（省网信办）主任、省新闻工作者协会主席。他大学成绩名列全班第一，在校作品就已装订成册，毕业后进贵州日报社工作不久，报社即为他举办个人新闻作品研讨会，并授予人才奖。30多岁，就成为享受国务院特殊津贴专家，以及贵州第一位全国文化名家暨“四个一批”人才。在他精心培养教育下，2017年，长孙谢知劼以优异成绩考取武汉大学。

小女谢毅，17岁考取上海财经大学，毕业后又先后考取了中国注册会计师、英国特许公认会计师资格，30多岁起即历任上海多家主板上市公司高管。在小女儿夫妇辛勤培养下，就读初中的小孙女高声远，成绩也名列年级前茅。

如果说我这一生还算成功，还不如说三个子女在人生道路上比我更成功。如果说我这一生在复兴谢氏家族上有一点贡献的话，主要是三个子女的努力得来的。对此，我十分欣慰。

六、快乐人生与子女支持

人生难得晚年乐。我之所以晚年过得很快乐、很有意义、把退休前未完成的事都完成了，这与子女的孝顺、关心，特别是对我爱好的支持分不开。

我和爱人游历过欧亚10多个国家和港澳地区。子女不但为我们购好机票、旅游鞋和行李箱等，就连牙刷、毛巾、袜子等日常用品也一并准备齐全。国内许多值得一去的地方，都在百忙中挤出时间陪我们去玩，使得我们能欣赏到祖国和世界的大好风光、人文风情。

我喜欢体育运动，不但各种运动服装为我准备齐全，还买两千多一块的羽毛球拍让我享受。对我的诗书画人生，子女也非常支持，为我缴纳学费、购买纸张；怕影响我的学习，对贵阳暂缺的碑帖马上托朋友在外省购买，使我非常感动！他们是在百忙之中啊！没有子女的支持，我的晚年生活不会如此丰富多彩，不会如此有意义。

写完我的人生回忆，我可以自豪地说：我的一生是奋斗的一生，是成功的一生，是过得有意义的一生。除自身努力外，这份自豪还来自爱人和子女支持、朋友帮助——青年时期的好友罗寿昌、冉启盛，晚年的冯泽老先生，都值得我铭记。在此，谨一并表示衷心感谢！

2015 年 7 月，于贵阳。

湄潭·子女的童年。

我和我的弟弟妹妹

◎ 长女　谢萍

时间过得飞快，转眼间我已经到了知天命之年，弟弟妹妹、侄儿侄女们总是善意地提醒我年过半百喽！当一个人开始回忆往事时，她已然衰老了吗？是呀，不知何时起我常常回忆小时候的点点滴滴，回忆我和我的弟弟妹妹经历的那些年那些事，往事就如同珍藏了三十年的老茅台，越品味道越浓……

我是爸爸妈妈所养孩子中的老大，其实，原本我排行老二，因为一次意外事故，我们痛失了聪明伶俐的大姐，我因此成了老大，所以比我小四岁的弟弟打小就叫我二姐姐。常言道："穷莫当长子，富别当幺儿。"排行老大不好吗？可是，因为我是长女，我学会了爱也得到了更多的爱！由于爸妈工作忙，从小照顾弟弟的任务自然落到我头上，弟弟总是跟我形影不离。弟弟睡着了，我脱下自己的衣服给他盖好；弟弟感冒了，我把擦鼻涕的纸剪好叠整齐放在他的书包里；天冷了，上学路上弟弟冰凉的小手我一定捂在怀里……写到这里，我的手机突然响了，那是弟弟的微信："早点休息，别太辛苦了！提醒爸妈注意雨天路滑！”好暖心呀！弟弟有着其他男人鲜有的细心细致，爸妈的饮食起居他都会时时挂牵、安排妥当，甚至比我这个女儿还要细心；我女儿从小体弱多病，尤其是化脓性扁桃体炎常常引起高烧，弟弟总是第一时间赶到家里和父母一道送她去医院就诊；经济上暂时遇到困难他会毫不犹豫慷慨解囊；工作中、生活中方方面面的快乐与困惑我们总是共同分享与分担……我们就这样一路相伴走过了四十五个年头！

姐姐不幸离开我们后，性格倔强独立的妹妹来到我们的生命中，在爸爸妈妈、哥哥姐姐的呵护陪伴中无忧无虑快乐地成长。十七岁那年，天资聪颖、成绩优秀的她独自拎着行囊踏上去上海求学的列车，我永远记得我们一家人在贵阳火车站流着眼泪的送别，永远记得妹妹那双不舍的眼睛，永远后悔怎么就没有陪她一程。妹妹这一走就是二十五年，无论相隔多少年，相距有多么遥远，心中的那份感情却依然有增无减，我们依然是相亲相爱、彼此惦记。老姐我虽然比妹妹年长将近十岁，马大哈、粗线条的个性让我在很多问题的处理上是个十足的糊涂蛋，而精明能干、精打细算的老妹就成为我最好的军师，审慎、睿智、机敏的她总在我身后！

我们三姊妹就这样长大、成家立业了，在各自的工作岗位上也算是小有成绩，还是妈妈总结得好：“三个孩子一个能说，一个能写，一个能算，各有所长！”是呀，我和我的弟弟妹妹都用辛勤的双手和智慧创造着自己的幸福生活，我们以自己不同的方式相互关爱、相互扶持，即使偶尔彼此之间有矛盾、有误会，都会在亲情中无声地融化了。

亲情是什么？就是这种同胞情，就是这种“断了骨头还连着筋”的手足情，就是这种与生俱来的兄弟姐妹之情。这种亲情，就是我们三姊妹之间的一种惦记，惦记彼此的身体健康，惦记彼此的生活冷暖，惦记彼此的孩子……

我很庆幸，我有我的弟弟妹妹，虽然我们有着不同的人生目标，不同

2004 年春节，于海南三亚西岛。

的职业，生活在不同的城市，生活方式也各不相同，但最终我们都有着一个共同点——让我们的爸爸妈妈欣慰和幸福！

感恩生命中有你们：我的爸爸妈妈！我的弟弟妹妹！我所有的家人！

2002 年 6 月，于上海丁香花园参加小女谢毅婚礼。

我的家

小女 谢毅

一转眼，离家已经二十几年了。

17岁到上海念大学，一大家子在火车站送我的情景还历历在目。火车开动时我和家人隔窗望着，妈妈和姐姐哭得泪如雨下。我虽也涕泪纵横，但到底少不更事，在这之前，我满是对新生活的向往，没有一点儿的留恋。

谁知，这一走就是许久。我那贵阳的家，只成为游子的牵挂，却不再是倦鸟的栖巢。

每每看到女儿在温暖如春的书房里学习，我总会想起小时候家里没有空调地暖，母亲在书桌下放一个干净脚盆，盆底铺上床旧毯子，里面放个热水袋，我把脚往里一踩，毯子一捂，脚不冷，浑身就暖洋洋的。“凉从脚上起”，母亲总这样说。冬天出门上学时，那双母亲做的黑灯芯绒面的棉鞋，也总是在火炉边烤得暖暖的。

每每吃火锅时，看着满桌子琳琅满目的食材，就会想起小时候家里冬天基本都吃火锅，没什么好涮料，只是辣椒、花椒、豆豉、大蒜叶子爆炒得喷香，涮些白菜或茼蒿。大家却都吃得很欢快，唯独我不合拍，嫌辣不爱吃。

每次要到最后辣味淡了，父亲用火锅汤煮碗烫饭，放上一小团猪油，我这才有滋有味吃到心满意足。

甚至，上海偶有凉爽的夏夜，清风带来一阵窗棂的轻响，我都仿佛会闻到少女时代的书桌上，父亲从集市上买回来用清水养着的那碟栀子花的香……

二十几年来，我随时随地会想起以前家庭生活的点点滴滴，那些酸甜苦辣，那些爱恨喜忧，并没有随着时间的推移而冲淡，反而愈加清晰起来。家庭生活的林林总总，透射出家庭的特质与文化。有两处我觉得是我家里最大的特点：

一是以学习为家庭首任的严格管理。总听人抱怨说现在孩子学习太辛苦，其实细细算来，我们兄弟姊妹三人小时候，一年到头可以自由玩耍的时间也是数得清楚的。那些严格的作息制度，比如说期末考试结束后三天“大赦”，春节从除夕休到初三等等，给我留下深刻的印记。父母自然也不懈怠，在我记忆中，从没什么时候父母扔下我们独自出去玩，也从没什么时候父母会在我们起床后还在睡懒觉。“梅花香自苦寒来”，我们三个如今虽然谈不上功成名就，但至少衣食无忧，上能替父母添衣送食以颐养天年，下能为孩子出钱尽力以学海破浪，总算对得起那些在书桌前度过的日日夜夜，对得起父母对我们的陪伴与养育。

二是家庭经济条件限制下的互相关爱。在我记忆中，家里人无论是谁，无论去哪里，总会省吃俭用地攒下钱，带回家各种各样的礼物。父母都是从农村走出来的第一代，家里又有三个孩子，以前家里真的称得上捉襟见肘。那些礼物，或许不值钱，也许不合用，却都是从牙缝里省下来的，满满都是爱。

同一屋檐下，当然也难免有磕磕碰碰的时候。甚至，家里的争吵频率也在平均水平之上。小时候真的恨过，这一度成为我努力学习、考上省外大学远走高飞的动力。其实，那些听过的、说过的气话，那些谁是谁非，都会最终消散。“百年修得同船渡、千年修得共枕眠”，几十年同一屋檐下做一家人的缘分，要三生三世才能修炼得来。希望家人都能珍惜这份缘，每每要动怒说出刻薄之言时，想想这些年是大家风风雨雨一同渡过。那为什么而生气，都不值得。

父亲八十有余，老有所为、勤学苦练，终于能将自己的诗作集结成集。因此也要我写篇关于家庭的文章，于是我写下这些文字。写作的短短历程，好像一台时光穿梭机，带我重温了这些年一起走过的日子，虽千言万语，因篇幅所限，精而又简得这千余文字。

最后，愿家人安健，永叙天伦！

2002年冬，与岱青于贵州大学。

诗韵里有最温暖的时光

◎ 长孙女 张岱青

在这个世界上，有一种情，与生俱来，不以贫富贵贱而改变。这就是亲情。

亲情温暖了我最脆弱的时光，让我平安成长！

小时候，父亲在外地工作，母亲的教学任务又重，照顾我的重担便落在了公公婆婆身上。这份担子真是格外的重：那时我身体不好，三天一感冒，五天一发烧，长辈们为我担惊受怕成为常态。记得有一次，父母都出差在外，夜幕已至，我却突然发起了高烧，还引发了高热惊厥，当时年过六旬的婆婆和年过七旬的公公徒手抱着我，简直就是挑战生命的极限，从贵大校园狂奔到几公里外的花溪医院，让我得到及时治疗。正是因为我爱生病，每次婆婆公公带我出去玩，都会在背上给我隔一层毛巾，等到我静下来再拿开，防止我因为衣服湿漉漉而伤风感冒。这份浓浓的祖孙情，呵护我健康成长，细致入微、温暖贴心！

亲情温暖了我求知的时光，让我扬帆前行！

从我几个月时就抱着我数一二三到学写笔画，从蹒跚学步到羽毛球场上的一招一式，从坐有坐相、站有站相到一屋不扫何以扫天下……都说孩子是张白纸，公公婆婆用他们手中的画笔，激发了我对知识的渴望，教会了我生活的技巧、做人的准则、健康的重要！婆婆悉心教我一笔一划的书写，让我明白端端正正写字，堂堂正正做人；公公退休后才开始学游泳、学诗词绘画，让我明白“理无专在，而学无止境也”；婆婆一生操劳、无私奉献，让我明白“春蚕到死丝方尽，蜡炬成灰泪始干”；公公笑对人生百态、永远乐观，让我明白“千磨万击还坚劲，任尔东西南北风”“随风潜入夜，润物细无声”。这份浓浓的祖孙情，烛照我健步前行，勤勉做人、乐观处事！

亲情温暖了我蜕变的时光，诗韵中我渐渐成长！

公公的生活多姿多彩，老人家似一架灵敏的摄像机，沿途摄入所闻所见，把我、我们生活中的绚丽都用诗歌记录、让瞬间成为永恒。“春风得意听新闻，彰表外孙张岱青。六载数学分满贯，九州庚赛第一名。六年班长桂冠戴，一百奖状喜气盈。北大清华非妄想，扶摇直上摘星辰。”小学的成绩被公公用朴实优美的诗句记录下来；他心中对孙女的肯定与期许化作这七言律诗，记忆也许会被时间冲散，诗句却是永恒。“花开一朵傲群芳，圆梦征程路漫长。暮暮朝朝琴为伴，风风雨雨热加凉。抑扬顿挫抒心志，天籁泉音润暖肠。门外公婆似酒醉，母亲备菜喜犹狂。”八年苦练终登钢琴十级之顶，看着我从开始的五线不分、琴键不识到最终自如弹奏、琴声悠扬，公公发出了由衷的感叹，内心的想法挥洒出情真意切的诗句，欣慰成为永恒。“半夜铃声满屋惊，隔窗黄鹂树梢鸣。书山有径圆初梦，汗水常流锦绣程。”寒窗十二载，为那鲤鱼跃龙门的一刻，凌晨五点喜报传来，公公即兴创作，一挥而就，记录了寒窗苦读终有报的激动与幸福。这份浓浓的祖孙情伴着诗韵，让每一次蜕变跃然纸上、诗情画意！

十八年，一面成长，一面收集沿途的繁花茂叶。一路走来最幸运的就是有家人相伴，或快乐，或悲伤，有家人，不孤单。

2002 年夏，妻子殷玉琨与岱青、知劼于贵州大学。

亲情是最温暖的时光。这份时光，在我们这个家每个人心中，在公公的诗韵里。

2017年7月十九岁于上海财经大学

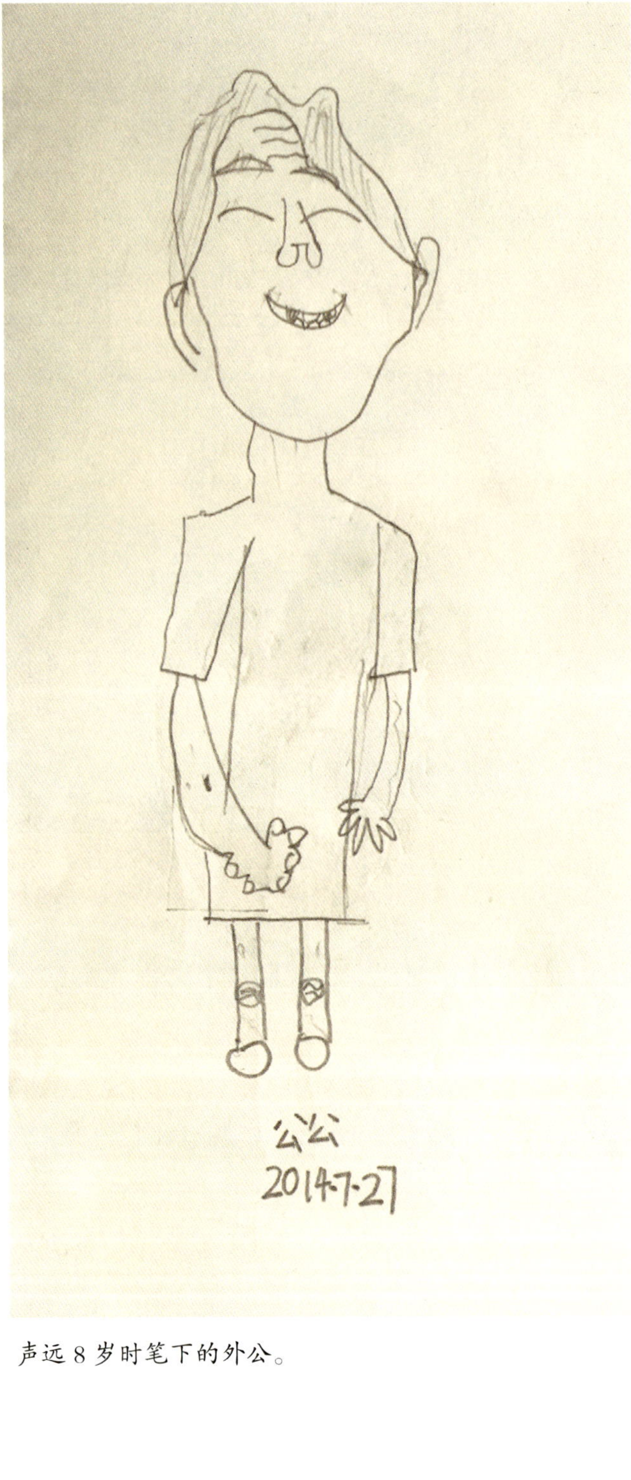

声远 8 岁时笔下的外公。

外公

◎ 小孙女 高声远

我外公是一位耄耋老人。他的眼睛小得像一条缝，却时时流露出慈祥的目光。他的头发稀疏而且花白，但身体仍然健壮，真是鹤发童颜啊。

我外公有很多兴趣爱好。他爱游泳、打羽毛球、写诗……每当做起他感兴趣的事时，他总是兴致盎然、爱不释手。

我外公的诗总是体现他内心的真实想法。有一次我到他家玩，却没听见他的声音。于是，我蹑手蹑脚地走进了他的房间，只见他在全神贯注地写诗呢。过了一会，他写好了，走出了房间。我推门进去，拿起他放在桌子上的稿纸，读了起来。有一句话把我震撼了——老年人总是抱怨头发白了，而外公却写到“白又何愁，白又何妨”。多么乐观的外公啊！这便使我想起了一件事。

那是一年前的事了。我们全家一起去登梵净山金顶。望着那云雾缭绕的金顶，我问外公：“你也要登顶吗？”外公的回答出人意料：“那当然啦！”于是，我们年轻人背着包，扶老携幼地“冲击”金顶。路真陡啊！连我这个总角少年都要手脚并用了。我再看了看外公，只见他眼睛里依然流露出坚定的目光，丝毫不肯放弃。他一手拉着栏杆，另一手扶着石阶，蹬蹬蹬……就上到了更高的台阶上。有的台阶又斜又窄，与下一个台阶间隔也比较大，而且因为雾气氤氲而非常湿滑。这时候，爸妈伸出手来试图搀扶外公，可他却连连摆手，说："不用，不用，我能行。"旁边的游客都投来赞许的目光。有的人一打听他的年龄，更是吃惊得不得了。外公凭借着坚持不懈的精神，也终于登顶。我们一起迎风眺望，这时，雾散了许多，风景更美了，仿佛是在为外公庆祝哩！

我的心绪又回到了纸上。我仿佛明白了外公为什么可以做年轻人做的事，因为他有坚持不懈的精神。

"固执"的外公，很好！

2017年6月十一岁于上海香榭丽花园

2008 年 8 月，与声远于贵州大学。

跋 / 我的学诗之路

◎ 谢开科

我的学诗之路，可以三句话概括：一是坚持不懈，二是写身边的人和事，三是从难开始。

一、坚持不懈

我从小热爱中国古典诗词，系统学习诗词后，才发现书架上有不少诗词方面的书籍，却几乎一本也没有翻阅过。

喜欢诗词，为什么迟至晚年才开始学习？一方面，是因为以前工作忙，儿女学习、生活都需要关心和照顾，无暇顾及爱好。另一方面，是没有遇上好的师者。退休后我也曾听过诗词课，但听了一节就听不下去了。可是，2005年，一听冯泽老师的诗词课就被深深吸引。这不仅缘于他治学严谨、教学有方，更主要的是，他的人格魅力或者说师德感动了我。他身为高干，平易近人，重义轻利，无私奉献，令人尊敬。在他领头努力下，2014年，贵州大学被评为全国诗教先进单位。

就这样，我深深爱上了诗词，同时产生了为冯老写

大学风华正茂，再聚已是耄耋。

一首诗的念头。我第一次写了给他看，他冷冷地说："我不值得写。"我理解：这是谦虚，更是指我还没有达到写这类诗的能力或水平。我并未气馁，常以教育子女的"人无恒不可作巫医"来激励自己。写呀！写呀！不知被打回来多少次，坚持不懈，终于写出了冯老还比较满意的祝寿诗《贺冯泽老师八十华诞》：

八秩高龄已忘年，童心不改布诗缘。
传薪踏雪侵肌骨，阅卷披灯蚀脑肝。
三载耕耘结美果，一生辛劳谱佳篇。
诗词进校弘国粹，碧血丹心诗满园。

在此过程中，冯老发现了我学习诗词的执着精神，主动邀我为他的《八十述怀》写和诗，给我锻炼的机会。我欣然写下《依原韵和冯泽先生〈八十述怀〉》：

一

八旬岁月哪蹉跎，半世辛劳硕果多。
少壮潜心师李杜，耄年奋臂舞毫戈。
骚坛兴起扬国粹，学府倾情谱浩歌。
桃李满天鞍未下，一坡越过又一坡。

二

八秩春秋转瞬驰，是非功过庶民知。
忘食废寝寒窗苦，载月披星惠政施。
国粹弘扬心血洒，校园诗教雨露滋。
文章歌赋师兼友，处事为人平易之。

我与冯老，逐渐成了亦师亦友的亲密朋友。由于对写诗作词太投入，有时炉子上烧着开水我都忘了，连续烧坏两只水壶，家人非常担心意外发生，我于是写下一首《答家人》：

无意烧干两把壶，有心苦读圣贤书。

任凭报警呼呼叫，趣在涂鸦不在炉。

学诗路上整十载，我深深体会到，只要坚持不懈，就可以把诗词学会。

二、忠实于自己的感受写身边的人和事

人们常说，今人写诗，要反映时代生活、时代精神，传达大众心声。这无疑是正确的。但我同时认为，这是对当代诗词一个整体的、宏观的要求，对具体的诗词学习者特别是初学者来说，无论写哪方面题材的诗词都必须由自己的感受入手，写身边的人和事，抒发心底的感情。所以，我写的诗词不可能“无我”。

在一定意义上，不是技巧造就了诗人，而是生活成就了诗家，真正动人心魄的力作，无不是那些关乎社会生活的篇章。想想，若无颠沛流离、饥寒交迫的痛苦经历，哪有杜甫“朱门酒肉臭，路有冻死骨”的千古名句？不是怀才不遇、报国无门的坎坷身世，何来陆游“塞上长城空自许，镜中衰鬓已先斑”的慷慨悲歌？好诗词，都是从作者心中淌出来的，都是心之笔写出来的，都是在用心去写亲情、友情、爱国爱民之情、缅怀情，以及揭露横行无道的霸权主义等。生活，惟有生活，才是诗词创作的本源。因为亲历生真情，而因为有真情实感，好诗词便会跃然而出。

如果说我学写诗词有一点收获的话，很大程度应该归功于坚持写自己的真情实感。看到身边一些小孩儿越来越胖，父母还怕他营养不良、拼命喂食，我心里非常焦急，便写了一首《肥胖儿》（新声韵）：

上：1967 年，与湄潭三中同事。
下：1963 年 7 月，大学毕业分配到黔南师范学校任高三班主任，与学生。

经济繁荣迈小康，千家万户有“小皇”。
家庭赛过小超市，“保姆”常熬大补汤。
鱼肉鸡鸭皆喂够，水果蔬菜不思尝。
蹒跚步履身肥胖，始悔当初教无方。

小女谢毅离家去上海读大学时才十七岁，作为父母，我们没有专程护送而只是托一位远房亲戚带去。每逢佳节倍思亲，特别是春暖花开时我十分盼望远方的女儿一家归来，便写了《盼归》（新声韵）：

盼女盼孙霜鬓浓，几年趣事梦魂中。
不求金玉行囊满，但愿平安归路通。
迷恋他乡千样好，应思故里百花红。
佳期屈指迎春到，休误贵阳爽爽风。

长孙女张岱青很懂事，尊老爱幼，学习成绩又好，我写了《孙女岱青小学毕业赠诗》（新声韵）：

春风得意听新闻，彰表外孙张岱青。
六载数学分满贯，九州赓赛第一名。
五年班长桂冠戴，一百奖状喜气盈。
北大清华非妄想，扶摇直上摘星辰。

长孙谢知劼提出要与同学出去玩，我怕他耽误学习，没有表态、还略有不快，但他还是出去了。我暗中跟随，发现他是在体育馆与同学打羽毛球，锻炼身体。同学问他，你爷爷为什么不同意你出来？他解释说，爷爷是对的，他怕我作业做不完。听到这番话，我心里非常内疚，觉得孙孙懂事了，除了完成铺天盖地的课堂作业外还要在课外学这学那，十分辛苦，便写了《赠长孙知劼》（新声韵）：

一

谁加五日苦，又压两天辛。
户户难减压，家家尽伤神。
爷爷急似火，奶奶起星辰。
学子善人意，同心磨杵针。

二

杵可成针磨不休，坚石也怕水长流。
披灯尽日恒心在，敢叫泰山也低头。

2012年，我去上海小女家过春节，一天，发现六岁小孙女高声远在自制红包并往里装钱。我问她干什么？她说，今年春节我要给全家人发压岁钱，每人20元。我再问钱从何来？她答，卖家里废纸壳得一部分，还有一部分是学习好长辈给的奖金。她要求我为她保密。大年除夕，她果真给了全家一个惊喜、逐一向每个人送上压岁钱，连没去上海的哥哥谢知劼也托舅舅捎了一份。六岁娃娃就知道反哺之义，令我十分感动，便写下一首《爱撒癸巳满屋春》（新声韵）：

甘露润苗含苦辛，童心反哺表丹心。
张张纸板时时捡，角角银元日日存。
鞭炮一声除旧岁，红包双手慰亲人。
公婆父母开怀笑，爱撒新年满屋春。

总之，我十年间写的诗、填的词，都是我的所见所闻、所感所思。

1959 年 10 月，中华人民共和国成立十周年，大学同学合影。

三、从难开始

一般而言，学习应该循序渐进、从易到难，学诗词似乎也应该如此，先习绝句、古风再习律诗。但我觉得这并非完全不可突破。学诗犹如打仗，可以集中优势兵力消灭敌人的有生力量，也可以从敌人的薄弱环节入手。所以，我学诗是知难而进，从律诗开始，先攻格律关。

在我看来，所谓格律，无非是一种约定俗成的程式，就是把诗中的平声字与仄声字合理地组合起来，从而形成和谐的音韵效果，只要下番工夫不难熟练掌握。格律其实并不是汉诗最大的难点，语言、章法对仗往往比格律更难掌握，不首先掌握格律，是写不出有诗味儿的好诗的。我的第一首诗《肥胖儿》就是格律诗（新声韵），《贵州诗词》登载，前面有引述。第二首格律诗就是《贺冯泽老师八十华诞》（新声韵），《贵大吟苑》登载，前面也有引述。第三首格律诗是《中华诗词》登载的《贵阳甲秀广场》（新声韵）：

错落依山楼外楼，明灯碧草两悠悠。
喷泉洒射兰雕塑，知了长鸣银树头。
清水几弯涵日月，华楼一座壮春秋。
晨曦苦练人如蚁，无限风光次第收。

第四首格律诗是《中华诗词学会2012年度会员入会作品集》登载的《湄潭好风光》（新声韵）：

湄潭风景小花溪，重返故乡老眼迷。
幽岛临溪丹凤舞，巨壶踞岭旅人栖。
五桥倒影群鱼戏，四面茶林百鸟啼。
爽爽新村迎远客，竹篱茅舍品春荑。

我的学诗之路从律诗开始，拙集也多数是格律诗（新声韵）。学诗填词要着眼自己的实际情况，可以从易到难，也可以从难开始，不能强求。

诗言志。我的诗词，就是在记述自己的人生经历，表达自己的所感所思，化解心中的忧慨情愁，焕发生活的信念意趣，鼓励儿孙奋发图强、积极向上。

写诗，靠的是多读书，常练习，有实践，勤思考，贵坚持。诗词是一个人的人品、修养、经历、见识、性情等抽象物的综合体。以上，是我学习诗词的三点体会。

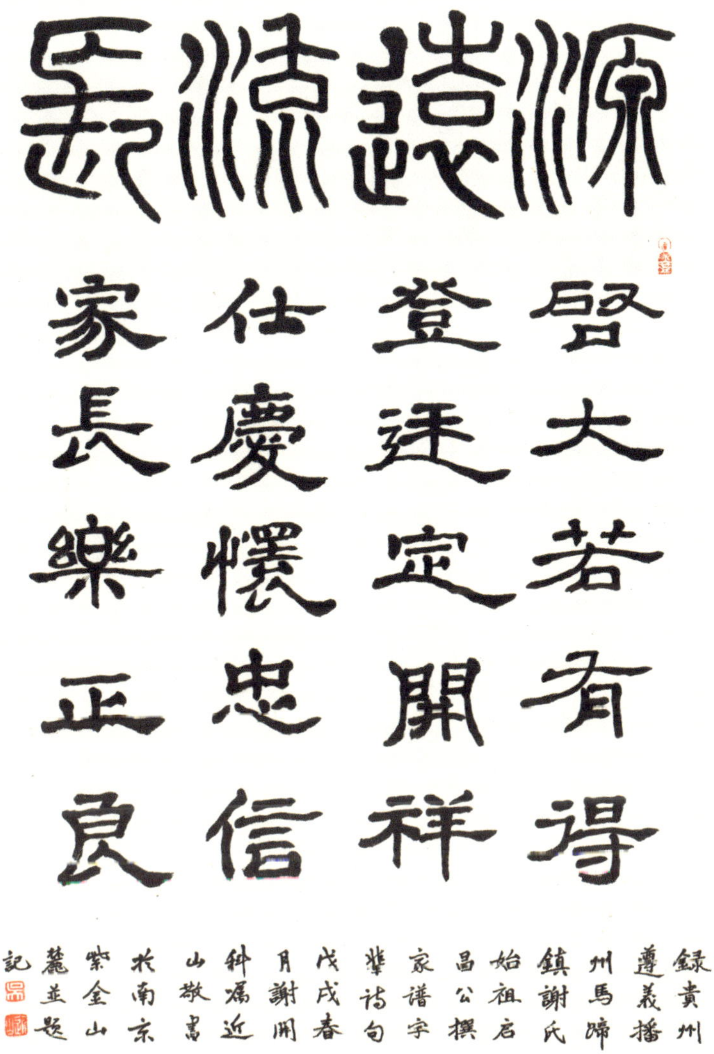

吴伟东先生题谢氏字辈诗句。

1961 年，贵阳师范学院（今贵州师范大学）历史系 1957 级同学毕业留影。